W0076555

HEIKE MAYER

DAS *seh* ICH ENTSPANNT

HEIKE MAYER

DAS *seh* ICH ENTSPANNT

Wie Sie Gelassenheit entwickeln

INHALT

Drittes Kapitel

Viertes Kapitel

HERZLICH WILLKOMMEN!

Sich nicht mehr so oft von Alltagsärgernissen wie dem verpassten Bus, dem Sonntagsfahrer vor Ihnen oder der Warteschlange am Paketschalter stressen lassen. Entspannter mit unvorhergesehenen Schwierigkeiten umgehen. Harmonischer mit anderen zusammenleben, sei es in der Familie, der Partnerschaft oder am Arbeitsplatz, damit es nicht so rasch zu lautstarken Auseinandersetzungen, unterschwelligen Aggressionen oder verletztem Rückzug kommt. Auch Krisenzeiten mit einem Gefühl von innerer Stabilität meistern – wäre das nicht wunderbar?

Die meisten von uns sehnen sich nach Gelassenheit. Und aus meiner eigenen Erfahrung und der Begegnung mit vielen Menschen, die ich in den letzten Jahren als Achtsamkeitslehrerin und Kursleiterin in Stressbewältigung durch Achtsamkeit begleitet habe, weiß ich, dass jeder von uns in der Lage ist, mehr davon zu entwickeln.
Geht das über Nacht?
Wie das meiste im Leben ist es eher ein stufenweiser Prozess, für den etwas Geduld gefragt ist. Aber er lohnt sich. Es gibt viel zu gewinnen.

Es ist möglich, immer mehr aus einer inneren Balance heraus zu leben. Auch für Sie.

NEHMEN SIE, WAS FÜR SIE PASST

Gründe, warum sich jemand mehr Gelassenheit wünscht, kann es viele geben, von einem unterschwelligen Gefühl innerer Getriebenheit bis hin zu einer großen Lebenskrise. Die Ideen, Reflexionen und Übungen, die Sie in diesem Buch finden, bewegen sich daher auf verschiedenen Ebenen. Manchmal ist im Haushalt ja auch eher ein Hammer nützlich, zu anderen Zeiten hilft eine Pinzette deutlich mehr. Manches werden Sie daher für Ihre Situation als zutreffend und hilfreich erleben, manches möglicherweise nicht. Nichts davon ist als Patentlösung gemeint. Verstehen Sie es bitte als Anregung, als Vorschlag oder Denkanstoß. Sie sind der Experte für Ihr eigenes Leben. Bitte machen Sie sich zu eigen, was Sie als unterstützend empfinden, und lassen Sie alles andere beiseite. Und wer weiß, vielleicht erweist sich manches zu einem späteren Zeitpunkt doch noch als praktikabel.

Statt ein weiterer Punkt auf einer To-do-Liste zu werden, die es abzuarbeiten gilt, möchte dieses Buch Sie unterstützen und an der einen oder anderen Stelle sogar Spaß machen. Weil die meisten von uns sich durch einen übervollen Alltag manövrieren und oft wenig Zeit fürs Lesen bleibt, ist dieses Buch in kleinen Portionen aufgebaut, die sich zum Großteil unabhängig voneinander lesen lassen.

Brauchen Sie noch etwas Motivation, um Gelassenheit zu üben? US-Forscher haben in zwei Langzeitstudien herausgefunden, dass entspannte Zeitgenossen im Alter mit größerer Wahrscheinlichkeit geistig gesund bleiben als Menschen, die sich leicht aus der Ruhe bringen lassen. Für die Unentspannten steigt die Wahrscheinlichkeit, eine Demenz zu entwickeln.

Training in Gelassenheit ist ganz konkrete Gesundheitsvorsorge!

Sie wünschen sich Gelassenheit, Gleichmut, Ausgeglichenheit, Balance: All das sind Worte, um zu beschreiben, dass jemand nicht so leicht die seelische Stabilität verliert. Ein gelassener Mensch ähnelt einem Surfer, der auf seinem Surfbrett das Gleichgewicht halten kann, auch wenn eine unerwartete Böe kommt: Er hat die Fähigkeit, mit den kleinen und großen Wellen des Lebens, mit Veränderungen und Herausforderungen flexibel umzugehen und angemessen darauf zu reagieren. Gelassenheit zeigt sich jedoch auch darin, wie der Surfer damit umgeht, wenn er doch einmal ins Wasser fällt. So etwas passiert eben, und ein kluger Surfer wird nicht darüber schimpfen oder sich in verärgertem Widerstand dagegen verstricken, sondern einfach wieder auf sein Brett steigen.

Erstes Kapitel

Wie sich Gelassenheit entwickelt: Auf dem Weg zu mehr innerer Balance

In diesem Kapitel erfahren Sie

Wie Ihnen eine gezielte Absicht helfen wird,
mehr Gelassenheit in Ihr Leben zu bringen

≫——→

Wie Sie sich dabei von einem inneren Mentor
unterstützen lassen können

≫——→

Warum Gelassenheit
nichts mit Gleichgültigkeit oder
Passivität zu tun hat

≫——→

Welche Elemente zu einem Leben
in mehr Ausgeglichenheit beitragen

ZU EINEM ENTSPANNTEREN LEBENSGEFÜHL

Stellen Sie sich vor, Sie sind mit dem Auto unterwegs. Sie fahren zügig, schließlich müssen Sie heute noch eine ziemliche Strecke zurücklegen. Nach einiger Zeit schließen Sie zum Fahrzeug vor Ihnen auf, das deutlich langsamer ist als Sie. Die Strecke ist kurvig und einspurig, der Gegenverkehr schwer einsehbar, und so bleibt Ihnen nichts anderes übrig, als ebenso langsam zu fahren wie das Auto vor Ihnen.

Nun gibt es zwei Möglichkeiten: Sie *können* überholen oder Sie können nicht überholen. Wenn Überholen nicht geht, haben Sie wieder zwei Möglichkeiten: Sie können sich ärgern und schimpfen oder aber sich mit den Gegebenheiten abfinden und sich entspannen.

WAS IST HILFREICH?

Ob Sie sich ärgern oder entspannt bleiben, hat auf die Fahrgeschwindigkeit und Ihren Ankunftszeitpunkt keinen Einfluss, Sie werden davon nicht schneller oder langsamer. Für Ihr Befinden macht es allerdings einen großen Unterschied.

Dabei geht es hier nicht um richtig oder falsch. Wenn Sie Lust haben, sich zu ärgern, können Sie das natürlich tun. Die Frage ist eher:

Was ist hilfreich?
Was ist nützlich?
Womit ist Ihnen und der
Situation langfristig eher gedient?

Nun sagen Sie vielleicht: Ich ärgere mich ja nicht, weil ich Lust dazu habe. In manchen Situationen muss man sich einfach ärgern. *Muss* man? Stimmt das tatsächlich? Ist es nicht so, dass unser Ärger häufig in unserer Perspektive begründet liegt und wir ihn gewohnheitsmäßig wählen oder zumindest durch unsere lauten oder leisen Selbstgespräche ankurbeln und am Laufen halten?

Gelassenheit ist keine moralische Frage im Sinne von *Man sollte* oder *Gute Menschen würden jetzt …* Gelassenheit ist eher pragmatisch. Sie fragt:

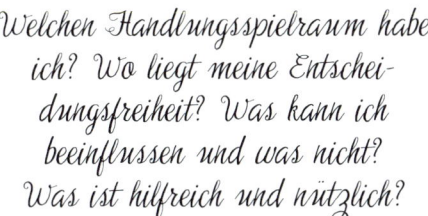

Welchen Handlungsspielraum habe ich? Wo liegt meine Entscheidungsfreiheit? Was kann ich beeinflussen und was nicht? Was ist hilfreich und nützlich?

> Zwar können Sie sich nicht einfach entscheiden, ab jetzt stets gelassen zu reagieren. Doch Sie können ganz bewusst Dinge tun und andere Dinge lassen, was dazu beitragen wird, dass sich Gelassenheit immer öfter gleichsam von selbst in Ihnen einstellt.

EINE ABSICHT FORMULIEREN

Wenn wir in unserem Leben etwas verändern wollen oder eine Fähigkeit entwickeln möchten, wie etwa die, gelassener zu werden, dann ist es nützlich, eine konkrete Absicht zu formulieren.
Eine Absicht ist nicht dasselbe wie ein Ziel. Wenn Sie ein Ziel anstreben und es nicht erreichen, fühlt sich das rasch wie Scheitern an. Eine Absicht ist breiter als ein Ziel, sie beschreibt eher die Richtung, in die Sie sich bewegen möchten. Wenn ich die Absicht formuliere, heute möglichst entspannt durch den Tag zu gehen, dann ist mir dabei bewusst, dass ich das nicht allein in der Hand habe. Es kann sein, dass es mir weitgehend gelingt, vielleicht klappt es aber auch gar nicht. Mit einer Absicht geben Sie sich eine innere Ausrichtung. Sich klarzumachen, was Sie wirklich wollen, weckt positive Kräfte und erhöht die Wahrscheinlichkeit, dass Sie sich auch während des Tages daran erinnern. Das ist, als ob Sie mit Ihrem Boot Kurs nehmen. Wenn Sie sich nicht entscheiden, wo Sie hinwollen, wie sollen Sie dann beim Navigieren wissen, wohin Sie am besten steuern?

Was ist Ihre Absicht in Bezug auf Gelassenheit? Was wünschen Sie sich?

Nehmen Sie sich Zeit, eine Absicht zu formulieren, und drücken Sie sie positiv aus. Betonen Sie das, was Sie möchten, nicht das, was Sie nicht möchten: »Ich will jeden Tag aufs Neue Gelassenheit in mein Leben einladen« statt »Ich will mich weniger ärgern« oder »Ich will entspannter bleiben, wenn die Kinder sich streiten« statt »Ich will die Kinder nicht mehr so oft anschreien«. Experimentieren Sie in Gedanken mit kleinen, konkreten Absichten und mit breiten, umfassenden. Die Reflexionen auf der nächsten Seite können Sie bei diesem Prozess unterstützen.

VON ANDEREN LERNEN

Kennen Sie Menschen, die Ihnen ein Vorbild in Sachen Gelassenheit sind?
Vielleicht jemand aus Ihrem Bekanntenkreis oder auch Personen, von denen Sie gehört
haben? Gibt es jemand, von dem Sie sich inspirieren lassen möchten?

VORBILDER

Wer verkörpert für Sie Gelassenheit?
Durchwandern Sie zunächst Ihr aktuelles
Umfeld, dann frühere Lebensjahre und
Ihre Kinderzeit. Welche Namen aus
Politik, Geschichte, Religion und Philo-
sophie, welche Figuren aus Märchen,
Literatur, Film oder Musik tauchen auf?

Menschen in Ihrem Leben

_____

Personen aus Geschichte, Politik, Kultur

_____

Gestalten aus Märchen, Büchern, Filmen

_____

IM FOKUS

Wählen Sie zwei oder drei Personen der
nebenstehenden Liste aus. Was be-
eindruckt Sie an diesen Menschen in
Hinblick auf Gelassenheit besonders? Ist
es ein bestimmtes Verhalten, eine Art, mit
Schwierigkeiten umzugehen, eine Lebens-
philosophie? Wo zeigt sich das genau?

Person 1 _____

_____

Person 2 _____

_____

Person 3 _____

_____

IHR MENTOR

Betrachten Sie noch einmal die Liste aller Namen. Wenn Sie frei wählen könnten, wer soll dann Ihr persönlicher Mentor in Sachen Gelassenheit werden? Wer soll Sie begleiten, unterstützen, Ihr Ratgeber sein? Natürlich können Sie auch mehr als eine Person auswählen, vielleicht tun Ihnen in unterschiedlichen Lebensbereichen unterschiedliche Mentoren und Mentorinnen gut.

Ich wähle _____

weil _____

_____

_____

In diesen Situationen könnte er/sie mich unterstützen

_____

_____

_____

_____

GANZ KONKRET

Wählen Sie eine Situation oder einen Lebensbereich, in der / in dem Sie sich mehr Gelassenheit wünschen. Stellen Sie sich vor, die Qualitäten oder Fähigkeiten, die Ihren Mentor auszeichnen, stünden Ihnen wie durch Zauberhand zur Verfügung. Malen Sie sich in Ihrer Vorstellung ganz konkret aus, wie Sie mithilfe dieser Fähigkeiten die Situation entspannt und gelassen meistern.

Das würde passieren

_____

_____

So würde ich mich verhalten

_____

_____

So würde ich mich dabei fühlen (korperlich, emotional, mental)

_____

_____

DAS IHRE DAZU TUN

Gelassenheit kann man nicht erzwingen. Sie entwickelt sich Stück für Stück, wenn seelisch-körperliche Vorgänge im Leben stärker in ein Gleichgewicht geraten und sich bestimmte Einsichten formen und vertiefen. Drei Aspekte wollen wir dafür in den Blick nehmen, die ineinander greifen und sich gegenseitig verstärken.

⭐ Die eigene Perspektive weiten (Kapitel 2)
⭐ Körperliche und mentale Anspannung abbauen (Kapitel 3)
⭐ Frieden schließen mit sich und der Welt (Kapitel 4)

Um in diesen drei Bereichen Entwicklung anzustoßen, gibt es einen Katalysator:

Achtsamkeit

Man könnte es auch Gewahrsein für sich selbst nennen oder die Fähigkeit, die eigenen Gedanken, Gefühle, Reaktionen und Handlungen bewusst zu bemerken. Denn was uns für Gelassenheit im Weg steht, sind unsere automatischen, unbewussten Denk- und Verhaltensmuster. Um die zu verändern, müssen wir bemerken, dass sie überhaupt da sind. Wie man das üben kann, wird uns im Verlauf des Buches immer wieder beschäftigen.

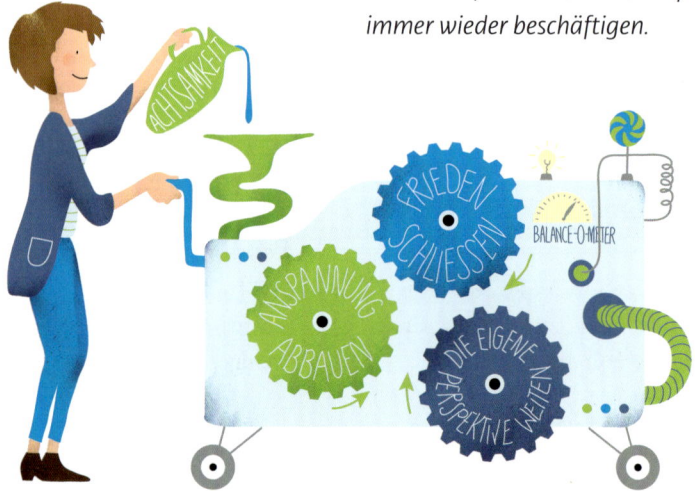

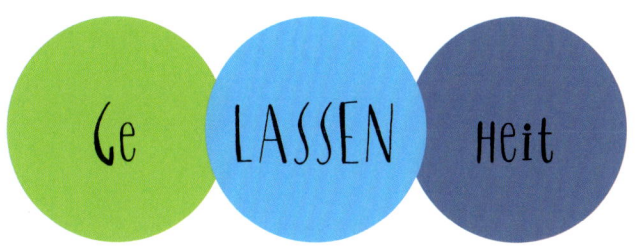

Ge LASSEN Heit

ETWAS LASSEN KÖNNEN

Im Wort Gelassenheit ist einer der zentralen Aspekte bereits genannt: die Fähigkeit, etwas zu lassen.

Wie wäre es, etwas sein zu lassen, an dem nichts mehr zu ändern ist?
⭐ Es ist, wie es ist. Wenn ich mir erlaube, das anzuerkennen, kann ich das Gegebene besser annehmen.

Kann ich etwas gutsein lassen?
⭐ Erkennen, wann es reicht und keine weitere Argumentation oder Verbesserung hilfreich ist.

Wann ist es angebracht, etwas stehenzulassen?
⭐ Manchmal gibt es gerade keine Lösung für ein Problem, und es muss auch nicht immer perfekt sein.

Kann ich jemand anderen sein lassen, wie er ist?
⭐ Akzeptieren, dass ich niemand ändern kann – und wenn ich mich noch so anstrenge.

Kann ich mich selbst so lassen, wie ich bin?
⭐ Verstehen, dass Selbstakzeptanz eher zu einer Veränderung führen wird als Selbstkritik.

Was wäre an der Zeit, losgelassen zu werden?
⭐ Was trage ich vielleicht schon viel länger mit mir herum, als es sinnvoll ist? Eine Überzeugung, einen alten Groll, ein Selbstbild …

Was könnte ich weglassen?
⭐ Brauche ich das wirklich alles? Wäre ich nicht oft freier, entspannter mit weniger Dingen, Aktivitäten, »Events« …

WAS GELASSENHEIT NICHT IST

Vieles, was ich selbst im Laufe der Jahre über Gelassenheit gelernt habe, stammt aus dem Buddhismus, wo sie als eine der zentralen Tugenden gilt. Dabei wird in den buddhistischen Unterweisungen eine interessante Unterscheidung getroffen. Wer Gelassenheit entwickeln will, heißt es da, sollte nicht nur ihre *fernen*, sondern auch ihre *nahen* Feinde kennen. Bei den fernen Feinden handelt es sich um das, was Gelassenheit so offensichtlich im Wege steht: Hass, Zorn, Gier, Sucht, übergroße Leidenschaft, sich von allem mitreißen lassen oder Dinge festhalten wollen, die vergänglich sind. Doch die nahen Feinde sind nicht weniger gefährlich. Da sie Gelassenheit so ähnlich sehen, verwechseln wir sie leicht damit und begeben uns so auf Abwege.

DIE NAHEN FEINDE DER GELASSENHEIT

Gleichgültigkeit

⭐ Gelassen zu sein meint nicht, dass uns egal ist, was passiert. Es heißt nicht, abzustumpfen und alles abprallen zu lassen.

Coolness

⭐ Coolness ist oft eine Attitüde, und wie hinter einer Maske verbirgt sich dahinter eher Unsicherheit als Entspanntheit. Wirklich gelassene Menschen strahlen meist Wärme aus, nicht Kühle.

Dissoziation

⭐ Wer früher Erfahrungen gemacht hat, die sehr beängstigend waren, lernt, sich von bestimmten Gefühlen abzuspalten, um den Schmerz nicht mehr zu spüren. Für die betroffene Person wird dieser innere Zustand der Abspaltung mit der Zeit normal oder er breitet sich in Situationen, die an die alten Erfahrungen erinnern, blitzartig aus, was fälschlicherweise als Gelassenheit gedeutet werden kann.

Gespielte »Heiligkeit«

⭐ In Kreisen, die sich um persönliche oder spirituelle Entwicklung bemühen, trifft man manchmal auf Menschen mit einer bestimmten Art von Abgehobenheit, die beim genaueren Hinsehen künstlich oder aufgesetzt wirkt. Nach dem Motto »Da steh ich drüber« oder »So etwas kann mir nichts mehr anhaben« umspielt ein feines Lächeln die Lippen, wenn sie auf diejenigen schauen, die noch in den Untiefen des weltlichen Daseins gefangen sind. Man fragt sich, ob sich die Betreffenden, eingehüllt in ein etwas heiligeres Kleid, nicht eher in einem der drei Bereiche Gleichgültigkeit, Coolness oder Dissoziation bewegen.

ACHTUNG MISSVERSTÄNDNIS

Gelassenheit entwickelt sich nicht, indem Sie so tun, als würden Sie sich nicht mehr ärgern, wären nicht mehr frustriert, traurig oder gestresst. Wenn etwas geschieht, was uns unangenehm ist, erfolgt unsere allererste gefühlsmäßige Reaktion darauf automatisch. Wir können sie nicht bewusst steuern, sie passiert einfach und ist in den meisten Fällen völlig verständlich und normal: Der Bus, den Sie kriegen müssen, um pünktlich zu einem wichtigen Termin zu kommen, fährt Ihnen vor der Nase weg. Die Tasse Kaffee rutscht Ihnen aus der Hand und die heiße Flüssigkeit ergießt sich über Ihre gesamte Kleidung und das Sofa. Ein anderer Autofahrer nimmt Ihnen die Vorfahrt und blafft Sie an, obwohl Sie sich völlig korrekt verhalten haben. Die Kinder stapfen mit den schmutzigen Gummi-

stiefeln über den frisch geputzten Boden. *Oh nein! Zum Aus-der-Haut-Fahren!* Auf unsere ursprüngliche Reaktion von Abwehr, Fassungslosigkeit, Empörung oder ohnmächtiger Wut haben wir kaum Einfluss. Die entscheidende Frage, die sich wie ein roter Faden auch durch dieses Buch zieht, lautet:

Wie gehen wir weiter mit der Situation um?

Befeuern wir unsere Frustration noch, indem wir uns in unseren Ärger hineinsteigern, oder gelingt es, Abstand zu nehmen und auf eine Weise zu reagieren, die uns zufriedener statt genervter macht?

Schritt für Schritt mehr Gelassenheit zu entwickeln ist eine schöne Sache. Doch bitte machen Sie das nicht zu einem neuen Projekt, in dem es darum geht, möglichst schnell und perfekt zum Ziel zu kommen. Wer sich anstrengt, gelassen zu sein, schafft sich damit eine neue stressverursachende Aufgabe, die Gelassenheit gerade verhindert.
Gehen Sie spielerisch und möglichst entspannt an die Sache heran.

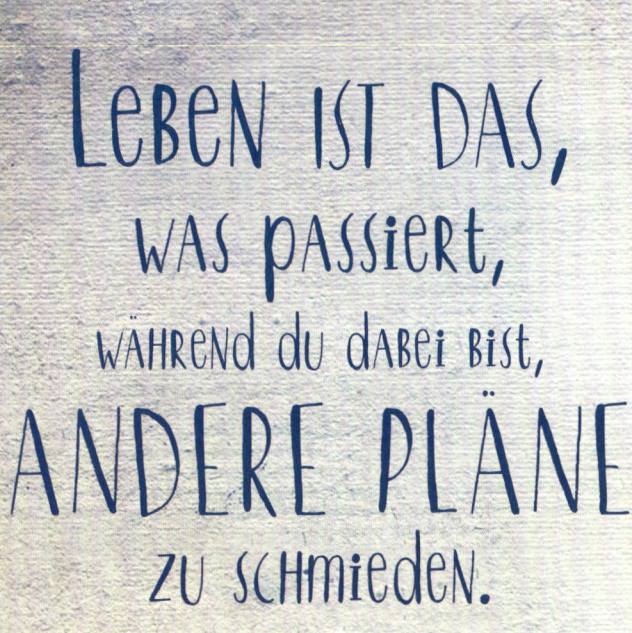

Leben ist das, was passiert, während du dabei bist, ANDERE PLÄNE zu schmieden.

John Lennon

Die eigene Perspektive weiten: Gelassenheit entsteht aus einem geöffneten Blickwinkel

In diesem Kapitel erfahren Sie

Warum es sinnvoll ist,
Unerwartetes zu erwarten

»———→

Wie man klug mit Enttäuschungen
umgehen kann

»———→

Wie man Situationen umdeutet
und sich so mehr Handlungsspielraum
verschafft

»———→

Wie man sich stückweise
vom Perfektionismus
verabschiedet

EINE FRAGE DER INNEREN HALTUNG

Manchen Kulturen und Nationalitäten steht Gelassenheit näher als anderen. Sie kennen das vielleicht aus Reisen nach Südeuropa, Asien oder Lateinamerika. Die Menschen scheinen dort generell entspannter durchs Leben zu gehen. In der westlichen Welt, etwa in den nordeuropäischen Ländern und nicht zuletzt im deutschsprachigen Raum, setzt man gern auf Genauigkeit, Effizienz und Planbarkeit. Was ganz klare Vorteile hat, etwa in wirtschaftlicher oder technologischer Hinsicht, im Bereich der medizinischen Versorgung oder von Sicherheits- oder Hygienestandards. Doch in anderen Bereichen hat es eklatante Nachteile, wenn man dem Leben vor allem mit Kontrolle begegnet und der Vorstellung, dass alles machbar sei. Wir rennen damit nämlich gegen die Realität an, die sich oft genug einfach nicht unseren Wünschen und Erwartungen beugen will.

Gegen die Realität anzukämpfen ist unklug. Man zieht immer den Kürzeren.

Und doch lässt sich beobachten, dass diese Tendenz, alles kontrollieren zu wollen, heutzutage eher im Wachsen als im Schwinden begriffen ist. Sie durchdringt unser Leben überall, und gerade weil sie so allgegenwärtig ist, übersehen wir häufig, wie stark sie uns beeinflusst. Dann sind wir mitunter erstaunt, dass wir das Leben längst nicht so im Griff haben und nach unseren Vorstellungen hinbiegen können, wie uns Werbung, Medien, Politik oder Versicherungsvertreter weismachen wollen.

SCHWIERIGKEITEN GEHÖREN DAZU

Ein Grund, warum andere Kulturkreise mit Unvorhergesehenem gelassener umgehen, liegt schlicht darin, dass sie weniger erwarten, dass immer alles läuft wie geplant.

Wo ist der Vertrag, in dem das Leben unterschrieben hat, dass wir keine Schwierigkeiten haben werden und immer alles so geht, wie wir wollen?

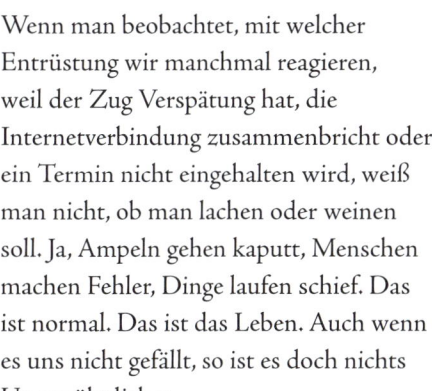

Wenn man beobachtet, mit welcher Entrüstung wir manchmal reagieren, weil der Zug Verspätung hat, die Internetverbindung zusammenbricht oder ein Termin nicht eingehalten wird, weiß man nicht, ob man lachen oder weinen soll. Ja, Ampeln gehen kaputt, Menschen machen Fehler, Dinge laufen schief. Das ist normal. Das ist das Leben. Auch wenn es uns nicht gefällt, so ist es doch nichts Ungewöhnliches.

Unsere Gesellschaft gaukelt uns vor, wir könnten alles erreichen, wenn wir uns nur anstrengen.

Wir könnten alles uns zu Gefallen hinbiegen, wenn wir nur genug Geld auf den Tisch blättern.

Wir könnten uns vor allen Gefahren oder Unannehmlichkeiten schützen, wenn wir nur entsprechend vorsorgen.

Wir könnten alles kontrollieren, wenn wir nur weit genug vorausplanen.

Aber das stimmt nicht.

Gelassenheit wächst, wenn wir lernen, Schwierigkeiten, Unvorhergesehenem, Unerwartetem auf kluge Weise zu begegnen.

Wie man aus einer unangenehmen Ausgangslage etwas unerwartet Schönes machen kann, erzählte mir kürzlich eine Kursteilnehmerin:

»Mein Mann und ich hatten am Abend schon alles ins Auto geladen, um am nächsten Tag mit den Kindern frühmorgens zum Skifahren aufzubrechen. Alle legten sich ins Zeug, sodass wir tatsächlich pünktlich um 5.30 Uhr in Ski-Anzügen und mit einer Thermoskanne Tee im Auto saßen. War ich stolz auf uns! Und dann? Batterie leer. Das Auto sprang nicht an. Mein Mann und ich tauschten entgeisterte Blicke. Der Anruf beim ADAC brachte die nächste Ernüchterung. Bis der Wagen käme, um uns Starthilfe zu geben, würde es etwa 90 Minuten dauern.

Ratlos standen wir auf der noch dunklen Straße. Sich ärgern, enttäuscht sein, sich darüber streiten, wer wohl die Scheinwerfer angelassen hatte – wozu wäre das nütze gewesen? Stattdessen gingen wir ins Haus zurück und saßen schließlich zu fünft in Anoraks auf dem Balkon, um bei einer Tasse Tee aus der Thermoskanne den Sonnenaufgang zu genießen. Wann hätten wir das sonst je getan? Für die Kinder war es etwas ganz Besonderes und sie erzählen heute noch davon.«

DIE GROSSE ENT-TÄUSCHUNG

Enttäuschung ist ein interessantes Wort: Es bringt auf den Punkt, wo der Hase im Pfeffer liegt. Wir haben uns eine Vorstellung von etwas gemacht und nun entspricht die Wirklichkeit nicht unserem Bild. Wir sind der *Täuschung* unterlegen, dass die Dinge so eintreten, wie wir sie erwarten, und werden nun ent-täuscht. Das Universum führt uns schmerzlich vor Augen, dass unsere Vorstellung und die Realität auseinanderklaffen.

TROTZKINDER UND MÜRRISCHE TEENAGER

Da steht der dreijährige Max vor dem Eisstand und kann sich kaum beruhigen, weil Schokolade aus ist. Als Erwachsene beobachten wir das Drama milde lächelnd (falls wir nicht mit Max verwandt sind) oder auch völlig entnervt. *Wie kann man wegen so einer Kleinigkeit einen solchen Aufstand veranstalten? Schokolade ist eben aus, jetzt stell dich nicht so an und nimm eine Kugel Erdbeere.* Wir verlangen von Max, dass er die Realität nimmt, wie sie ist (Schoko gerade nicht verfügbar, die Erwachsenen können auch keine herbeizaubern), und sich mit den Umständen arrangiert.

Aber können wir das selbst immer so gut? Verhalten wir uns nicht häufig recht ähnlich wie Max? *Ich will aber!*, insistiert es in uns. *Ich hab mir das so gewünscht und nun klappt es nicht! Es soll aber nach meinen Vorstellungen gehen!*

Gelassenheit heißt lernen, weise mit Enttäuschungen umzugehen.

Ich weiß, wovon ich rede. Wenn ich mich anschaue, tun mir besonders die Menschen leid, die meine ersten Jahre bis zum Alter von etwa 25 mit mir verbringen mussten. Ich war schrecklich launisch. Im Urlaub beispielsweise war mir stets zu warm oder zu kalt, das Essen war anders, als ich es mir vorgestellt hatte, ich langweilte mich rasch und ließ meine Umgebung meine Unzufriedenheit durch mürrische Kommentare und abweisendes Verhalten spüren.
Nicht, dass ich heute die Königin der Ausgeglichenheit wäre. Ich lasse mich auch stressen, andere Menschen drücken meine roten Knöpfe und ich reagiere dann ungerecht oder übertrieben. Jedoch passiert mir das nicht mehr so häufig wie früher, und oft finde ich schneller wieder aus einer Frustfalle heraus.

Blicken Sie mit freundlicher Nüchtern-heit auf die Stellen, an denen Sie sich mehr Gelassenheit wünschen. Erken-nen Sie ähnliche innere Stimmungen und kindliche Trotzreaktionen? Es ist mitunter schwierig auszuhalten, nicht zu bekommen, was wir uns wünschen, nicht wahr?

DIE GUTE NACHRICHT

Wer beginnt, seinen Gelassenheitsmuskel zu trainieren, wird positive Veränderun-gen feststellen. Innere Einstellungen und Reaktionsweisen lassen sich bewusst verändern. Forschungsprojekte wie etwa das ReSource-Projekt der Neurowissen-schaftlerin Tania Singer, Professorin am Max-Planck-Institut in Leipzig, belegen eindrücklich, wie sich durch mentales Training gesunde Emotionsregulation unterstützen lässt. Der Neuropsychologe Rick Hanson nennt das in einem etwas komplizierten Wort »selbstgesteuerte Neuroplastizität«. Gemeint ist damit einfach, dass wir bewusste Umbaumaß-nahmen in unserem Gehirn einleiten können. Egal wie alt wir sind, wir können lernen, gezielt positive Geisteszustände zu entwickeln.

FRUST-CHECK

Was sind Ihre persönlichen Frust-Mo-mente? Die Umstände, wo Sie schlecht loslassen können, wo ein Teil von Ihnen anscheinend einfach nicht einsehen will, dass sich gerade nichts ändern lässt?

Besonders stressig sind für mich Momente, wenn ...

_____

_____

Vorstellungen und Erwartungen, die ich schwer loslassen kann:

_____

_____

Mehr Gelassenheit wünsche ich mir besonders, wenn ...

_____

_____

_____

WEISHEIT ENTWICKELN

Gelassenheit ist eine Qualität, die traditionell älteren Menschen zugeschrieben wird. Altersweisheit nennt man das: Gelassenheit, die aus Lebenserfahrung entsteht. Wissenschaftliche Untersuchungen bestätigen, dass jüngere Menschen in der Regel intensiver mit Wut oder Aufregung reagieren als ältere Zeitgenossen. Dabei scheint es sich nicht nur um eine biologische Entwicklung zu handeln, sondern zugleich um emotionale Reifeprozesse.

Wenn ich mir Gelassenheit bildlich vorstelle, denke ich gerne an eine Großmutter, die in ihrem Schaukelstuhl sitzt. Viel hat sie schon erlebt, und sie weiß, es kommt erstens oft anders und zweitens als man denkt.

Die innere Großmutter / den inneren Großvater befragen

Wenn Sie das nächste Mal nicht weiterwissen, sich aufgewühlt fühlen oder sich innere Balance wünschen, suchen Sie Ihren »inneren Großvater«, Ihre »innere Großmutter« auf.

Schließen Sie die Augen und stellen Sie sich vor, Sie wären schon wirklich alt, vielleicht

90 oder 100 Jahre oder sogar noch älter. Sie sind einverstanden damit, alt zu sein. Sie haben ein bewegtes Leben verbracht, in dem viel geschehen ist, Schönes und auch Schweres. Das Leben hat Ihnen Weisheit, Gelassenheit und ein mitfühlendes Herz geschenkt. Nehmen Sie sich einen Moment Zeit, um wahrzunehmen, wie sich das anfühlt, auch wenn Sie nur eine Ahnung davon verspüren. Das reicht schon.

Wenn Sie aus dieser Perspektive auf das aktuelle Problem Ihres gegenwärtigen Ichs schauen, haben Sie einen Rat für sich selbst? Was würden Sie sagen, um dieses jüngere Ich, das sich gerade so angespannt fühlt, zu trösten oder zu unterstützen? Vielleicht entsteht eine Antwort von innen her, wenn Sie ein paar Atemzüge lang mit dem Bild der inneren Großmutter oder des inneren Großvaters sitzen.

NEHMEN, WAS KOMMT

Die heiß ersehnte Urlaubswoche. Jahreszeitlich ist stabile Hochdrucklage zu erwarten, Bikini und Shorts sind eingepackt, Vorfreude überall. Ein erster, wunderbar lauer Abend im Strandrestaurant und dann: Als Sie am nächsten Morgen die Vorhänge öffnen, schüttet es wie aus Kübeln. Kühl und regnerisch ist es auch am nächsten Tag. Und am darauffolgenden. Keine Wetteränderung in Sicht.

Vielleicht gehören Sie zu jenen seltenen Zeitgenossen, deren Stimmungslage vom Wetter gänzlich unabhängig ist. Dann schätzen Sie sich glücklich. Mir geht es nicht so. Ich mag es, wenn es sonnig ist, die Temperatur angenehm. Trübes Grau schlägt mir aufs Gemüt. Entsprechend wünsche ich mir im Urlaub schönes Wetter und bedaure es, wenn es ebensolches nicht hat. Der kommende Satz mag banal wirken, und doch ist es so schwer, ihn wirklich zu beherzigen:

Es ist, wie es ist.

Ob es uns gefällt oder nicht: Es ist, wie es ist. Und daran können wir an vielen Stellen nichts ändern. Beispielsweise am Wetter.

Natürlich kann es guttun, seinem Unmut Ausdruck zu verleihen, mit deutlichen Worten und nach Wunsch auch mit dem einen oder anderen Kraftausdruck kundzutun, dass man sich das ganz anders vorgestellt hat und total enttäuscht ist. Wenn es an meinem Hochzeitstag gießt und ich den Sektempfang im blumengeschmückten Innenhof mit in den Himmel steigenden Luftballons, die ich mir so schön ausgemalt habe, streichen muss, kann es sehr erleichternd sein, mich in die Arme meiner Trauzeugin zu werfen und eine Runde bitterlich zu schluchzen. Und dann geht es darum, die Sache zu nehmen, wie sie nun einmal ist. Sei es das Regenwetter, den Lokführerstreik, den grippalen Infekt oder was immer mir einen Strich durch die Rechnung macht.

Gelassenheit ist eine emotional-mentale Antwort auf ein Geschehen, dessen Eintreten mir vielleicht nicht gefällt, das ich allerdings als gegeben akzeptiere, um bestmöglich damit umzugehen.

ALLES AUSHALTEN?

Wenn ich in einem meiner Workshops vorschlage, auf Unangenehmes mit Akzeptanz, Verständnis oder Humor zu antworten, kommt als Gegenargument oft zurück: *Aber man kann doch nicht einfach zu allem »Ja und Amen« sagen!*
In einer solchen Reaktion meldet sich ein sehr verständliches Unbehagen: Soll ich jetzt etwa immer die Hände in den Schoß legen, milde lächeln und untätig dasitzen, während andere Fehler machen, sich mies verhalten oder mir oder anderen schaden?

Gelassenheit meint nicht Resignation.

Wenn Sie etwas tun können, was die Situation positiv beeinflusst, dann sollten Sie es auf jeden Fall tun! Gelassenheit ist jedoch besonders dann angezeigt, wenn sich eben *nichts* tun lässt – zumindest nicht genau jetzt –, sondern es darum geht anzuerkennen, dass etwas ist, wie es ist, auch wenn es mir nicht gefällt. Niemand sagt, Sie sollen nicht ändern, was man sinnvollerweise ändern könnte, oder sich wehren, wenn es angemessen

ist! Die Frage ist jedoch, ob Ihr Handeln nicht effektiver ist, wenn Sie aus einer Haltung innerer Klarheit heraus agieren.

AKZEPTIEREN HEISST NICHT, EINVERSTANDEN ZU SEIN

Oft ist entschiedenes Handeln erst möglich, wenn man wirklich akzeptiert, wie die Dinge liegen. So verbleiben z. B. Frauen oft Jahre in Beziehungen mit gewalttätigen Partnern, weil sie sich *nicht* eingestehen, wie schlimm es ist. Die Realität ist so schmerzlich, dass sie sich lieber einreden, der Mann werde sich eines Tages doch noch ändern. Das heißt also, erst wenn die Betroffene wirklich akzeptiert, dass der Mann, den sie liebt, körperlich oder emotional gewalttätig ist, und sich das ganze Ausmaß ihres Leids eingesteht, kann sie die notwendige Konsequenz ziehen und ihn verlassen.

Etwas Schwieriges zu akzeptieren heißt: Ja, so ist es.
Etwas Schwieriges zu akzeptieren heißt nicht: Ja, so ist es gut.

28

DAS INNERE NEIN STOPPEN

Unser Leben bringt es nicht selten mit sich, dass wir Dinge tun, die wir nicht mögen. Und doch gibt es gewisse Umstände, aufgrund derer wir vielleicht gerade keine Alternative dazu sehen. Angenommen, ich bin unglücklich in meinem Beruf, habe eine vierköpfige Familie zu ernähren, und trotz ernsthafter Prüfung sehe ich derzeit keine Alternative. Wenn ich nun ständig mit der Tatsache hadere, dass ich fünf Mal die Woche an meinen ungeliebten Arbeitsplatz muss, manövriere ich mich damit in eine noch schwierigere Situation. Über etwas zu klagen oder mich über etwas zu beschweren, was ich momentan nicht ändern kann (oder nicht zu ändern bereit bin, weil ich die Konsequenzen nicht tragen möchte), frisst enorme Energie und produziert ständigen Frust. Stoppen Sie in dem Fall Ihr inneres Nein.

Wenn Sie merken, dass Sie sich oder anderen wieder und wieder die Geschichte darüber erzählen, wie schrecklich das ist, was Sie da tun »müssen«, halten Sie inne. Machen Sie sich bewusst, welche Gründe es dafür gibt, dass Sie diese Aufgabe angehen – z. B. dass Sie eine Verpflichtung eingegangen sind, an die Sie sich halten wollen, dass Sie für Ihre materielle Sicherheit sorgen oder Ihre Jobbeschreibung eben auch diesen Tätigkeitsbereich umfasst. Und falls Sie im Moment keine Möglichkeit sehen, etwas an der Situation zu ändern, dann stehen Sie dazu. Sie tun etwas, was Sie nicht mögen. Das ist vielleicht nicht schön, aber so ist es gerade. Sie *müssen* das nicht tun. Niemand zwingt Sie mit vorgehaltener Pistole. Sie *entscheiden* sich dafür, es zu tun, auch wenn es unangenehme Nebeneffekte gibt. Machen Sie es sich nicht noch schwerer durch inneres Hadern.

Zu sagen »Ich muss« macht mich zum Opfer. Sich bewusst zu entscheiden, etwas zu tun, schafft Würde und Handlungsspielraum.

Gib mir
DIE GELASSENHEIT,
Dinge hinzunehmen,
die ich nicht ändern kann,
DEN MUT,
Dinge zu ändern,
die ich ändern kann,
UND DIE WEISHEIT,
das eine vom anderen
zu unterscheiden.

Reinhold Niehbuhr

UNSER BLICK AUF DIE WELT

Unser Maß an Gelassenheit hat sicher etwas mit unserem Temperament zu tun, mit der Familie, in der wir aufgewachsen sind, mit Erfahrungen und Vorbildern. Doch entscheidend ist letztlich unser Blick auf die Welt.

Wenn es an meinem Hochzeitstag regnet – welchen Schluss ziehe ich daraus? Ist das typisch, dass das mir passiert, weil ich eben immer Pech habe? Wenn mir etwas misslingt, liegt das dann daran, dass ich ein Versager bin? Oder dass die Umstände ungünstig waren oder ich vielleicht nicht genug dafür trainiert oder mich vorbereitet habe?

Wenn ich zur Straßenbahnhaltestelle renne und der Fahrer die Tür nicht mehr öffnet, liegt das daran, dass er ein ignoranter Idiot ist und alle mal wieder gegen mich sind? Oder könnte es sein, dass er im Fahrplan hinterher ist oder mich gar nicht gesehen hat?

Welche Schlüsse ziehen wir aus dem, was uns passiert?

Es ist gut, sich klarzumachen, dass wir Einfluss darauf nehmen können, wie wir die Welt erleben. Eine Freundin, Anna, erzählte mir dazu eine aufschlussreiche Geschichte.

Anna hat zwei Söhne, sie ist in Teilzeit berufstätig und der Spagat zwischen Job, Kindern und Haushalt bringt sie manchmal komplett an ihre Grenzen. Kürzlich, nachdem sie eine geschlagene Stunde die von klebrigen Kinderhänden verzierte Küche geputzt hatte, öffnete sie die Badezimmertür, nur um zu sehen, wie ihr Dreijähriger das Bad unter Wasser setzte. Wasser lief über den Beckenrand, der Duschvorleger war pitschnass, der ganze Boden feucht und mittendrin ließ ihr Sohn sein Plastikboot im Waschbecken fahren. »Ich spürte, wie eine heiße Welle Frust und Zorn in mir hochstieg«, erzählte sie. »›Mann, so viel Stress im Büro und jetzt auch das noch!‹, dachte ich. Ich sah mich schon auf Knien durch das Bad robben, dabei hatte ich noch so viel anderes zu tun! Das durfte echt nicht wahr sein! Und dann passierte etwas Unerwartetes. Ich schaute Paul an, der sich mit strahlenden Augen zu mir umgedreht hatte. Und ich konnte sehen, wie viel Spaß er gerade hatte. Er machte das ja nicht, weil er mich ärgern oder mir zusätzliche Arbeit verursachen wollte. Sondern weil er ein kleiner Junge ist, der die Welt entdeckt, spielen und Dinge ausprobieren will. Und da war mir auf einmal klar: Aufwischen muss ich das Bad ohnehin. Und ich werde Paul auch ganz deutlich machen, dass er das Becken nicht so volllaufen lassen darf. Doch zuvor stand ich noch einen Moment da und schaute bewusst mein Kind an. Mein immer selbstständiger werdendes, unternehmungslustiges, gesundes Kind. Und ich konnte mich in seine Situation versetzen und mich einfühlen in seine Unbeschwertheit und Lebensfreude. Nicht, dass mir das Badaufwischen danach Spaß gemacht hätte. Aber es hat mich nicht so gestresst, wie es sonst der Fall gewesen wäre.«

SITUATIONEN UMDEUTEN

Wie wir die Welt erleben, hängt damit zusammen, wie wir bewerten, was passiert, und wie wir unsere Erfahrung in Worte fassen. Ändern Sie Ihren Sprachgebrauch! Es macht einen Unterschied, ob ich sage: »Das kann ich nicht« oder »Das kann ich NOCH nicht«. In der Psychologie wird diese Technik auch als Re-Framing bezeichnet. Durch die Veränderung unserer Sichtweise geben wir den Dingen einen anderen Rahmen (engl. *frame*) oder stellen sie in einen anderen Kontext. Dadurch erscheint die Situation in einem anderen Licht und wir sehen schneller Lösungsmöglichkeiten oder sinnvolle Vorgehensweisen.

Sprachgebrauch, der Gelassenheit erschwert	Sprachgebrauch, der Gelassenheit unterstützt
Mein Kind ist rücksichtslos und macht mal wieder nur Ärger!	Mein Kind ist ganz in sein Spiel vertieft und verhält sich, wie es für einen Dreijährigen normal ist.
Das ist eine Katastrophe!	Das ist eine ziemliche Herausforderung.
Das klappt nie!	Ich weiß noch nicht, wie das gehen kann
Ich bin echt ein Idiot!	Das war ungeschickt von mir.
Das Wetter ist schlecht!	Ich hätte mir anderes Wetter gewünscht.

DER TATSACHEN-DREIERSCHRITT

Übung

Viele Probleme entstehen, weil wir an einer bestimmten Sichtweise kleben. Üblicherweise blicken wir auf die Welt, als sei unsere Perspektive die einzig wahre und als könne man das gar nicht anders sehen als wir. Dabei schiebt sich in den meisten Fällen unsere Interpretation der Situation vor die Tatsachen.

Stellen Sie sich vor, Sie wollen gerade das Haus verlassen und es fängt kräftig zu regnen an. Häufig entsteht aus einer solchen Tatsache – es regnet – eine Gedankenkette, die uns in schlechte Laune versetzt, wie z. B.: »Blöd, ausgerechnet jetzt! Ätzend, warum gießt es schon wieder, dieser Sommer wird sicher genauso verregnet wie der letzte!« und so weiter und so fort. Die Folge: Es regnet *und* wir ärgern uns. Gab es vorher eine Sache, die vielleicht nicht gerade angenehm war, gibt es nun zwei: suboptimales Wetter *und* schlechte Laune.
Wie könnte man nun die Perspektive hin zu weniger Ärger und etwas mehr Gelassenheit verschieben?

Der Tatsachen-Dreierschritt kann besonders in Alltagssituationen nützlich sein, in denen uns etwas Unvorhergesehenes oder Unerwünschtes einen Strich durch die Rechnung macht. Wie würde ein Tatsachen-Dreierschritt lauten, wenn ein Wolkenbruch einsetzt?

Es regnet.
Ist das schlimm?
Nein, das ist nass!

Schritt 1
⭐ Benennen Sie die Tatsache – ohne weitere Interpretation. Einfach die Fakten.

Schritt 2
⭐ Fragen Sie: »Ist das schlimm?«

Schritt 3
⭐ Konstatieren Sie die konkreten Auswirkungen, ohne sie als gut oder schlecht zu bewerten. Schauen Sie, ob Ihnen das – wie im Beispiel – mit einem Augenzwinkern gelingt.

Ob wir Regen schlimm finden oder nicht ist Ansichtssache. »Schlimm« ist eine Bewertung, etwas, das wir obendrauf packen und das mit den Tatsachen erst einmal nichts zu tun hat. Wenn es tagelang keinen Niederschlag gibt und die Pflanzen nach Wasser lechzen, sehnt jeder Landwirt und jeder Gartenbesitzer Regen herbei. In drückender Hochsommerschwüle kann ein nächtliches Gewitter eine willkommene Abkühlung sein. Man kann alles aus unterschiedlichen Perspektiven sehen, es unterschiedlich bewerten. Und welche Bedeutung ich einer Tatsache gebe, hat große Auswirkungen darauf, wie ich mich fühle.

Die Kinder streiten.
Ist das schlimm?
Nein, das ist laut!

Ich habe eine Erkältung.
Ist das schlimm?
Nein, ich brauche bloß mehr Taschentücher.

Dieses neutrale oder nach Möglichkeit auch humorvolle Feststellen der schlichten Tatsachen gibt Ihnen ein wenig Abstand. Negative Gedankenkreisläufe setzen nicht automatisch ein.

Meine Freundin ist nicht pünktlich.
Ist das schlimm?
Nein, das heißt, dass ich noch Zeit für einen Cappuccino habe. (Und anschließend sage ich ihr, dass ich Wert darauf lege, dass sie das nächste Mal rechtzeitig kommt.)

Gelassenheit kann wachsen, wenn wir merken, wie veränderlich die Perspektiven sind, die wir einnehmen, und dass unsere Sichtweise immer nur eine von mehreren möglichen ist. Es geht nicht darum, Tatsachen zu verdrehen, etwas zu verleugnen oder schönzureden. Einfach nur klar die Tatsachen benennen und sich fragen:

Welche der verschiedenen Sichtweisen, die jetzt möglich sind, hilft mir, die Sache entspannt zu sehen und bestmöglich für mich zu reagieren?

DIE PERFEKTIONISMUS-FALLE

Eine gute Leistung abzuliefern oder sich aus vollem Herzen in eine Arbeit reinzuknien ist eine wunderbare Sache. Anders sieht es aus, wenn wir nur dann zufrieden sind, wenn die Aufgabe perfekt erledigt ist, oder ein kleiner Schönheitsfehler dazu führt, dass wir glauben, das Ganze hätte keinen Wert mehr.

Eine Workshopteilnehmerin erzählte, was ihr während eines Verzweiflungsanfalls half, einen Ausweg zu finden:

»Ich hatte Freunde eingeladen und ein Rezept für einen tollen Erdbeerkuchen rausgesucht. Es sollte nicht nur einfach irgendein Kuchen sein, er sollte etwas hermachen und richtig super aussehen. Das Endresultat in meiner Küche hatte mit dem Foto in der Zeitschrift allerdings nur bedingt etwas zu tun. Klar, er sah nicht schlecht aus, aber doch in keiner Weise so perfekt. Die Erdbeeren waren nicht symmetrisch, das Muster nicht so makellos, noch dazu war die Schokoladenverzierung verschmiert. Ich versuchte, sie an der Stelle mit einem feuchten Tuch abzuwischen, um sie neu zu machen, aber dadurch wurde alles noch schlimmer.

Ich hatte mich über eine Stunde abgemüht, es perfekt hinzukriegen, und nun war alles schiefgegangen.
Ich war hin und her gerissen zwischen Enttäuschung und Wut auf mich selbst, ich wusste nicht, ob ich lieber heulen oder den Kuchen an die Wand pfeffern sollte.
Da fiel mein Blick auf eine Postkarte, die mir eine Freundin geschickt hatte. Darauf steht:

When too perfect, lieber Gott böse.

Die Freundin kennt mich ziemlich gut! Ich musste trotz meiner inneren Anspannung lachen und ließ mich schließlich erschöpft auf den Küchenboden sinken. Und dann fragte ich mich, was ich mir da eigentlich antat. Musste ich meinen Anspruch wirklich so hoch hängen? Wenn ich bei anderen Leuten eingeladen bin, erwarte ich ja auch kein designer-gestyltes Essen. Meine Gäste kamen doch nicht zu mir wegen des perfekten Erdbeerkuchens, sondern um einen netten Nachmittag zu verbringen! Als ich mir klarmachte, dass die Zunei-

gung meiner Freunde nicht von meinen Backkünsten abhängig ist, ging es mir langsam besser. Und der Kuchen hat natürlich trotzdem sehr gut geschmeckt!«

ÜBERHÖHTE ANSPRÜCHE

Betrachtet man dieses Beispiel, so wird deutlich, dass der meiste Stress aus unrealistischen Vorstellungen und übertriebenen Ansprüchen entsteht. Wer perfektionistisch veranlagt ist, setzt sich selbst viel höhere Standards, als er sie bei anderen erwarten würde. Die folgenden Fragen können helfen, die Dinge aus einer größeren Perspektive zu sehen.

»⟶ Kommt es darauf wirklich an?
»⟶ Was ist das Schlimmste, was passieren könnte?
»⟶ Wenn das Schlimmste passiert, werde ich das überleben?
»⟶ Ist das morgen noch wichtig? Und in einer Woche? Nächstes Jahr?

Gerade für Frauen finde ich den Vorschlag prima, den ich vor Jahren einmal in einem Buch der Kolumnistin Stephanie Schneider gelesen habe: *Glänzen Sie lieber mit guter Laune als mit einer sauberen Spüle.* Was nützt Ihnen der aufgeräumte Keller, wenn Sie ohnehin schon am Rande der Erschöpfung sind und dringend eine Stunde Pause bräuchten?

GUT GENUG!

Haben Sie schon einmal von der 80/20-Regel gehört? Sie leitet sich von einer Untersuchung des Ökonoms Vilfredo Pareto ab und besagt, dass im Regelfall 80 Prozent des Resultats mit 20 Prozent des Gesamtaufwands erzielt werden. Das heißt also, wer an einem Arbeitsprojekt sitzt, kann davon ausgehen, dass er lediglich ein Fünftel der Zeit braucht, um den Großteil des Ergebnisses, also 80 Prozent, zu erzielen. Die restlichen vier Fünftel der Zeit gehen drauf, um noch einmal 20 Prozent Ergebnis zu erreichen, das Sahnehäubchen sozusagen. Da stellt sich die Frage, ob nicht an der einen oder anderen Stelle 80 Prozent Ergebnis ausreichend wären. Natürlich nicht überall. Ein Chirurg in einer OP kann nicht sagen: »Ach, 80 Prozent Tumor rausgeschnitten reicht auch.« Aber hin und wieder wäre *gut genug* statt perfekt völlig ok. Es bliebe viel Zeit übrig, die wir vielleicht für eine Pause nutzen könnten. Oder um mit den Kindern zu spielen. Um eines der unzähligen Dinge zu tun, zu denen wir nie kommen, weil wir zu viel zu tun haben …

TRAINING IM LOSLASSEN

Praxistipps

Planen, Vorbereitungen treffen, Unwäg-
barkeiten möglichst ausschließen: oft
wichtig und nützlich. Und doch haben wir
das Leben nicht unter Kontrolle. Die Frage
ist, wie wir reagieren, wenn es nicht so
läuft wie geplant, wenn Ihnen die Realität
einen Strich durch die Rechnung macht.

Schauen Sie, was es Ihnen leichter macht, loszulassen.

Wenn Sie das nächste Mal etwas planen,
könnten Sie sich bewusst machen, dass es
nichts Ungewöhnliches wäre, wenn etwas
Unvorhergesehenes passiert. Nicht, um in
Pessimismus zu verfallen, sondern einfach
aus Realitätssinn. Vieles haben wir einfach nicht in der Hand. Dieses Vorgehen
unterstützt Gelassenheit, wenn etwas
anders läuft als erwartet – und stärkt
Dankbarkeit in den vielen, vielen Fällen,
wo alles klappt.

KÖNNTE EINER DIESER SÄTZE SIE UNTERSTÜTZEN?

⭐ Gelassenheit heißt zu merken, wann
es Zeit ist loszulassen.

⭐ Es ist, wie es ist.

⭐ Wer weiß, wofür es gut war (dass es
anders gelaufen ist).

⭐ Schade. Ich habe mein Bestes gegeben,
es hat nicht funktioniert.

⭐ Shit happens.

⭐ That's life (mit der Stimme von Frank
Sinatra im Ohr).

⭐ Wir sind hier nicht bei »Wünsch
dir was«, sondern bei »So isses«.
(Postkartenspruch)

⭐ Schau'n wir mal, dann seh'n wir
schon. (Bayerische Lebensweisheit)

⭐ Et hät noch immer jot jejange.
(Rheinisches Grundgesetz: Es ist bisher
noch immer gut gegangen.)

⭐ Inshallah! (Arabischer Ausdruck für
»So Gott will«)

⭐ I give thanks to help unknown,
already on its way. (Dieser Satz, der von
den amerikanischen Ureinwohnern

stammen soll, hat mir in schwierigen Zeiten schon oft geholfen. Man könnte ihn übersetzen mit: Ich bedanke mich bei der mir noch unbekannten Hilfe, die bereits unterwegs ist.)

WEITERE GELASSENHEITS-ANSTÖSSE

Verzeihen Sie sich selbst

⭐ Wenn Ihnen ein Fehler unterläuft, bedeutet das nicht, dass an Ihnen irgendetwas falsch wäre, sondern einfach bloß, dass Sie ein Mensch sind wie jeder andere auch. Und Menschen machen Fehler. Wenn angemessen, drücken Sie anderen betroffenen Personen Ihr ehrliches Bedauern aus.

Guter Rat kommt oft

⭐ Sind Sie an Ihren Erwartungen kleben geblieben? Stecken Sie in Ihrer Sichtweise fest? Fragen Sie sich: Was würde mir jetzt meine Oma oder eine gute Freundin raten? Die Antwort steckt schon in Ihnen, nehmen Sie Kontakt zu Ihrer inneren Weisheit auf.

Treten Sie einen Schritt zurück

⭐ Manchmal hilft es, die Situation in Relation zu anderen Schwierigkeiten zu setzen, die Sie schon überwunden haben. Ist es im Vergleich wirklich so schlimm? (Und für den Fall, dass ja: Haben Sie das nicht auch bewältigt?)

Die Adlerperspektive einnehmen

⭐ Und wenn Sie den Vergleichsrahmen noch größer aufspannen wollen und sich in Verhältnis zu anderen Menschen auf der Welt setzen, die beispielsweise unter Hunger, Verfolgung, Krieg und Gewalt leiden: Könnte es sein, dass Sie gerade Jammern auf hohem Niveau praktizieren? Es geht nicht darum, das eigene Leid kleinzureden. Sie haben ein Recht auf Ihren Schmerz und Ihre Enttäuschung. Doch vielleicht wird beides relativer, wenn Sie daneben auch zur Kenntnis nehmen, an wie vielen Stellen Sie es gut haben.

Nehmen Sie nicht alles persönlich

⭐ Der unfreundliche Zugschaffner, die hochnäsige Verkäuferin … Vieles, worüber wir uns ärgern, hat mit uns persönlich gar nichts zu tun. Menschen sind eben schlecht drauf, zucken Sie mit den Schultern und lassen Sie die Sache vorbeiziehen.

SCHRITTE AUF DEM WEG ZU EINEM GELASSENEREN BLICK

1

Erwarten Sie Unerwartetes

Das Leben ist keine Maschine und ganz häufig läuft es alles andere als geschmiert. Es gibt keine Garantie auf Problemlosigkeit, auch wenn die ausgedruckte ICE-Verbindungsübersicht das suggerieren mag.

2

Üben Sie sich in Akzeptanz

Niemand verlangt, dass es Ihnen gefällt, wenn etwas anders läuft, als Sie es sich gewünscht haben. Doch nun ist es, wie es ist. Wenn Sie etwas unternehmen können, um eine positive Änderung herbeizuführen, tun Sie das. Ansonsten: Kämpfen Sie nicht gegen die Realität an, dabei ziehen Sie immer den Kürzeren.

3

Verändern Sie Ihre Perspektive

Auf die äußeren Umstände oder das Verhalten unserer Mitmenschen haben wir oft nur geringen Einfluss. Deutlich mehr Einfluss nehmen können wir auf unsere eigene Weise, damit umzugehen. Fragen Sie sich: Was ist hilfreich? Was nützt jetzt wirklich? Wie kann ich gerade gut für mich sorgen? Welchen anderen Blickwinkel könnte ich einnehmen? Könnte ich das auch in einem anderen Kontext sehen?

4

Interpretation oder Die Wahrheit?

Oft nehmen wir Dinge persönlich, beziehen etwas auf uns, was gar nichts mit uns zu tun hat. Daraus ziehen wir dann Schlüsse, mit denen wir uns selbst stressen. Bemerken Sie, wenn Sie Mutmaßungen anstellen und sich in Interpretationen ergehen.

5

Gehen Sie auf Abstand

Das, was uns im ersten Blick wie eine mittlere Katastrophe erscheint, erweist sich mit etwas zeitlichem oder emotionalem Abstand nicht selten als weniger dramatisch, als es anfänglich aussah. Natürlich gibt es Dinge, die wirklich schrecklich sind, und dafür passen keine kurzgefassten Ratschläge. Doch vieles plustern wir auch auf. Fragen Sie sich, ob das, was Sie jetzt für so schlimm halten, möglicherweise schon bald kein Thema mehr sein wird.

6

Haben Sie Geduld mit sich und Ihren Mitmenschen

Wir sind uns letztlich alle ziemlich ähnlich. Wir wollen alle glücklich und zufrieden sein und so gut es geht mit dem Tag zurechtkommen. Und manchmal tun wir dabei Dinge, die vielleicht nicht besonders klug sind oder ärgerlich für andere. Das gilt für jeden von uns.

Drittes Kapitel

Körperliche und mentale Anspannung abbauen: Mit Stress, Ärger und schwierigen Gedanken umgehen

In diesem Kapitel erfahren Sie

Warum uns die Vernunft abhandenkommt,
wenn wir genervt sind

»——→

Was Stress mit den Neandertalern
zu tun hat

»——→

Wie man klug mit Ärger umgeht

»——→

Warum Meditation
ein Königsweg
zur Gelassenheit ist

RUNTERFAHREN!

Wenn wir selbst entspannt sind und jemand sehen, der sich gerade fürchterlich aufregt, dann ist es einfach, ihm zu mehr Gelassenheit zu raten. »Sieh das doch locker!« oder »Lass dich nicht so stressen«, sagen wir dann vielleicht.
Wenn das nur so einfach wäre.

Es ist ja nicht so, dass wir, wenn wir unter Strom stehen, wenn wir entnervt, panisch, jähzornig, launisch oder ungeduldig sind, nicht viel lieber heiter und gelassen wären. Wir stecken fest. Und wir wissen meist nicht, wie wir dort wieder herauskommen.
Doch Schritt für Schritt können wir einen klugen Umgang mit den Herausforderungen des Alltags und unserer eigenen Psyche entwickeln.

JETZT MAL VERNÜNFTIG

Gelassenheit hat mit unserer Einstellung zu tun, mit der Frage, welche Schlüsse wir aus dem ziehen, was wir erleben, welche Perspektive wir einnehmen. Im vorherigen Kapitel haben Sie daher auch ver-

schiedene Möglichkeiten kennengelernt, wie Sie über die Änderung mentaler Einstellungen oder Ihrer Sichtweise innere Ausgeglichenheit unterstützen können. Werden gedankliche Muster, gewohnte Denkpfade und der Blick auf sich selbst und die Welt hinterfragt, können sich neue, hilfreichere Umgehens- und Reaktionsweisen bilden.
Um einen solchen veränderten Blick auf die Dinge einnehmen zu können, brauchen wir unsere Fähigkeit zu *rationalem Denken*. Wir müssen ein Stück weit Abstand nehmen, klar sehen und merken, dass wir uns vielleicht gerade verrannt haben oder über verschüttete Milch weinen, wie man so schön sagt. Das ist auch der Grund, warum sich ein Kind so schwer tut, sich während eines Tobsuchtsanfalles von einer vernünftigen Erklärung beruhigen zu lassen. Die Fähigkeit, sich von rationalen Erwägungen leiten zu lassen, steht ihm in diesem Moment schlicht und ergreifend nicht zur Verfügung. Doch nicht nur die Kleinen haben mitunter Probleme damit, etwas aus einer größeren Perspektive zu sehen. Wenn wir angespannt sind und unter

Stress stehen, gehen auch uns Erwachsenen die kognitiven Fähigkeiten flöten.
Kennen Sie das, dass Ihnen im Streit mit
dem Partner oder den Kindern manchmal
die Wut so in die Glieder schießt, dass Sie
das Gefühl haben, gleich platzen zu
müssen, wenn Sie sich nicht Luft machen? Oder dass Sie sich nach einem
Streit fragen, wie Sie sich wegen einer
Kleinigkeit so aufregen konnten? Dass Sie
die Bitte einer Kollegin, die Sie in einer
entspannten Situation nebenbei erledigt
hätten, unter Anspannung barsch abbü-
geln? Dass Sie nicht mehr klar denken
können und wie ein aufgescheuchtes
Huhn oder ein hektischer Hahn tausend
Dinge anfangen und dann gestresst liegen
lassen? All diese Verhaltensweisen haben
damit zu tun, dass Stress genau die
geistigen Fähigkeiten blockiert, die wir
bräuchten, um eine vernünftige, der Lage
angemessene Lösung zu finden.
Wer die Dinge gelassener sehen möchte,
tut also gut daran, seinen Anspannungslevel zu senken.

*Vieles in unserem modernen Alltag
trägt dazu bei, dass uns Gelassenheit
abhandenkommt. Termindruck, Mehr-
fachbelastung, Aufgeriebensein
zwischen Beruf, Partnerschaft, Haushalt, pflegebedürftigen Eltern oder
kranken Kindern, Geldsorgen und
Gesundheitsprobleme, Baustellenlärm
und Kitastreik, Multitasking und
Zukunftsängste. Dazu erlauben wir
den modernen Kommunikations-
techniken noch, uns ständig von dem
wegzuziehen, womit wir gerade be-
schäftigt sind. So wachsen in uns ein
Gefühl von Zerrissenheit und der
Eindruck, dass wir stets Gefahr laufen,
etwas zu verpassen.*

In diesem Kapitel werden Sie sehen,
warum für einen klugen Umgang mit
Stress, Anspannung und Ärger ein bisschen Knowhow über Gehirnabläufe und
körperliche Vorgänge nützlich ist. Und
ich möchte Ihnen zeigen, dass Meditation
nicht nur etwas für spirituelle Zeitgenossen ist, sondern ein ganz praktischer Weg,
um dem Alltagsstress die Spitze zu
nehmen.

WARUM STRESST MICH DAS EIGENTLICH SO?

Wenn Sie gelassener werden möchten, kann es sinnvoll sein, etwas mehr über Stress zu wissen. Was meinen wir eigentlich, wenn wir sagen, dass wir gestresst sind? Üblicherweise gibt es etwas, das passiert – ein sogenannter Stressor: das kann z. B. eine Begegnung mit einem unangenehmen Zeitgenossen, eine schlechte Nachricht, Zeitdruck, ein Stau oder vielleicht ein körperliches Symptom sein, das uns Sorgen macht. Daraufhin wird in uns eine ganze Vielzahl an körperlichen, emotionalen und mentalen Prozessen ausgelöst – die sogenannte Stressreaktion.

Emotionale Zeichen einer Stressreaktion können sein: Wir fühlen uns angespannt, nervös und aggressiv. Oder auch unsicher und ängstlich. Wir werden ungeduldig und fahrig, genervt, missmutig, und Dinge, die wir sonst eigentlich locker sehen würden, gehen uns jetzt total auf die Nerven.

Mentale Anzeichen einer Stressreaktion können sein: Die Gedanken purzeln durcheinander, es wird schwer, etwas sachlich zu durchdenken oder klar zu argumentieren, die Perspektive wird enger, bis wir in einer Art Tunnelblick nur noch das Problem wahrnehmen.

Mögliche körperliche Anzeichen: Uns wird heiß, wir fangen an zu schwitzen oder bekommen einen roten Kopf. Blutdruck und Herzschlag steigen, wir spüren ein flaues Gefühl im Bauch oder Enge im Hals. Die Muskeln spannen sich an, die Atmung wird flacher oder schneller. Wir haben Lust zu brüllen, vielleicht die Fäuste zu ballen oder uns auf dem Absatz umzudrehen, wegzurennen und die Tür hinter uns zuzuschlagen.

Stress ist eine Reaktion auf etwas, das unser Organismus als Bedrohung wahrnimmt.

Anders läuft es beim sogenannten Eustress ab. Dieser positive Stress entsteht, wenn wir eine Situation als Herausforderung sehen und uns quasi ins Abenteuer stürzen: wie ein guter Skifahrer, der sich den Kick gibt und die Buckel auf der schwarzen Abfahrt extra rasant nimmt, oder wenn wir mit Begeisterung eine große Party planen. Alle Ressourcen werden aktiviert und wir erleben den Kitzel, etwas Schwieriges gut zu bewältigen. Was wir jedoch meinen, wenn wir davon reden, gestresst zu sein, zeichnet sich gerade dadurch aus, dass wir *nicht* mit einem guten Ausgang rechnen. Wir machen uns Sorgen, dass das Gespräch mit dem Chef negative Konsequenzen haben wird, dass wir uns nicht durchsetzen können oder uns zum Narren machen, oder wir glauben, dass wir es schlicht nicht mehr *aushalten* können, noch länger in diesem überhitzten Auto zu sitzen, während es einfach nicht weitergeht!

DER KAMPF-ODER-FLUCHT-MODUS

Wir fühlen uns also bedroht, angestrengt, überfordert – und unser Organismus reagiert darauf so, wie es über Jahrmillionen in der menschlichen Entwicklungsgeschichte sinnvoll war, um mit einer schwierigen Situation umzugehen:

Er bereitet uns darauf vor, zu kämpfen oder zu fliehen.

Wenn Sie noch einmal die Übersicht der emotionalen, mentalen und vor allem der körperlichen Reaktionen auf der vorherigen Seite ansehen, wird Ihnen der Zusammenhang deutlich werden. Der Körper stellt uns Energie für eine körperliche Auseinandersetzung oder eine Flucht zur Verfügung. Auch wenn es vielleicht übertrieben scheint, so reagieren wir doch ohne unser bewusstes Zutun so, als stünden wir nicht der unangenehmen Kollegin, sondern einem Säbelzahntiger gegenüber.

Prüfen Sie einmal in der nächsten Stresssituation, ob Sie sich nicht am liebsten in einem Mäuseloch verkriechen oder jemand an die Gurgel gehen würden!

STRESS AB- STATT AUFBAUEN

Nun könnte man natürlich sagen, dass dieser uralte Stressmechanismus nicht besonders sinnvoll ist. Denn die meisten heutigen Situationen, in denen wir gestresst sind, lassen sich selten nachhaltig mit den Fäusten oder einem beherzten Sprung über den Gartenzaun lösen. Doch ob es uns nun gefällt oder nicht:

Unser Körper bereitet uns genau darauf vor. Auch wenn ein kühler Kopf, ein offenes Gespräch mit einer Portion Kompromissbereitschaft oder die Einsicht, dass wir eben nicht alles kontrollieren können, vielleicht angemessener wären.

Der Kampf-oder-Flucht-Modus ist unser evolutionäres Erbe. Und er stellt uns vor eine Menge Probleme.

Problem Eins: Vernunftabschaltung

»——→ Die Stressreaktion erschwert uns den Zugang zu hilfreichen Umgangsweisen wie Rationalität, Verständnis für das Gegenüber und Gelassenheit. Sind wir entspannt, können wir alle Möglichkeiten des präfrontalen Cortex nutzen. Das ist derjenige Bereich im Gehirn, der sich in der Menschheitsgeschichte am spätesten entwickelt hat und wo Planung, Analyse, Entscheidungsfindung und das Urteilsvermögen angesiedelt sind. Er sitzt dort, wo wir uns selbst mit dem Finger hin tippen, wenn wir sagen wollen: Ja, Köpfchen muss man haben! Während der Stressreaktion werden jedoch ältere Gehirnteile aktiviert: das sogenannte limbische System und der Hirnstamm. Hier sitzen die Emotionen und unsere Überlebensinstinkte. Weil die Stressreaktion ja für lebensbedrohliche Situationen entwickelt wurde, ist da kein Platz zum Abwägen und Überlegen: In Sekundenschnelle soll zwischen Kampf und Flucht entschieden werden. Da könnte es tödlich sein, erst einmal einen bedächtigen Perspektivwechsel vorzunehmen oder die Situation aus einem anderen Blickwinkel zu betrachten.

Stress schreibt dem Gehirn also vor: Rationalität und Vernunft abschalten! Mit allen Mitteln für das eigene Überleben kämpfen! Daher fallen uns in entspanntem Zustand kreative Lösungen ein, während wir z. B. im Prüfungsstress manchmal einen regelrechten mentalen Blackout erleiden oder uns nach einem Beziehungsstreit fragen, warum wir uns wegen einer solchen Kleinigkeit so aggressiv benommen haben.

Problem Zwei: Daueranspannung

»——→ Die Stressreaktion mobilisiert körperliche Energie in uns, die wir für Kampf oder Flucht dringend bräuchten. Nachdem wir aber im Normalfall im Alltagsstress weder angreifen noch weglaufen, sondern uns auf nichtkörperlichem Wege mit den Herausforderungen unseres Lebens herumquälen, wird diese Energie meist nicht abgebaut. Das ist auch der Grund, warum Sport zum Ausgleich empfohlen wird, denn dabei wird körperliche Energie verbraucht, die ansonsten in uns feststeckt.

Es ist ein echtes Problem, wenn diese Energie nicht sinnvoll umgesetzt wird. Stellen Sie sich das so vor wie ein Auto, das Sie auf Touren bringen, während Sie gleichzeitig die Handbremse ziehen – nicht gerade motorenfreundlich! Es wird permanent Energie zur Verfügung gestellt, die nicht abfließen kann. Stattdessen wartet um die Ecke schon die nächste Stresssituation, die die Energiezufuhr weiter erhöht. Das führt häufig zu Dauerstress mit muskulärer Anspannung, die uns so vertraut wird, dass wir sie kaum noch bemerken. Es kann zu Schlafstörungen, erhöhtem Blutdruck und anderen körperlichen Problemen kommen, die dann selbst wieder zum Stressauslöser werden. Kein Wunder, dass man heute in Medizin und Psychologie davon ausgeht, dass ein großer Teil der ständig wachsenden Zahl an körperlichen und seelischen Erkrankungen stressinduziert ist.

Haben Sie also Verständnis für sich, wenn es Ihnen mitunter ziemlich schwerfällt, die Strategien aus Kapitel 2 in die Tat umzusetzen. Auf die Gehirnareale, die Sie dafür bräuchten, haben Sie in dem Moment möglicherweise gar keinen freien Zugriff! Das bedeutet im Klartext: Wer gelassener werden möchte, tut gut daran, sein Anspannungslevel herunterzufahren und sich im Stressfall klarzumachen, dass es nicht um Leben und Tod geht.

KLUG MIT ÄRGER UMGEHEN

Mit Blick auf die evolutionäre Basis unserer Stressreaktion wird klar, warum alles, was unseren Ärger fördert, die Situation noch schlimmer macht. Wer im Stau steht und sich darüber auslässt, wie idiotisch die hiesige Baustellenplanung ist und sich selbst als Opfer der Unfähigkeit anderer sieht, verstärkt über solche Gedanken das Gefühl von Ausgeliefert-sein, das sich im Körper über die stress-bedingte Energieausschüttung ohnehin gerade ausbreitet. Wer mit anderen gemeinsam über die unfaire Chefin herzieht, erlebt vielleicht den angenehmen Effekt, sich verstanden zu fühlen. Zu-gleich heizen solche Gespräche aber auch die Stressreaktion an, ohne dass Sie dadurch Ihrem Ziel eines respektvollen Miteinanders näher kämen.

Sich immer wieder über dasselbe zu beklagen, ohne je etwas zu ändern, das Regenwetter am Urlaubsort zu verflu-chen, erboste Leserbriefe oder scharfe Onlinekommentare zu schreiben – das erscheint auf den ersten Blick wie ein gutes Ventil für aufgestauten Ärger. Und sich einmal so richtig Luft zu machen, daran ist ganz bestimmt nichts falsch. Es kann eine gesunde, befreiende Wirkung haben – mit der Betonung auf *einmal*. Schnell aber wird es zur Gewohnheit, sich auf das Negative auszurichten. Der Ärger kann unterschwellig sogar als angenehm erlebt werden, weil wir uns durch den Adrenalinschub kraftvoll und angriffslustig fühlen. Tatsächlich aber fördern wir auf diese Weise Stress und unser eigenes Unwohlsein. Zugleich vergiften wir die Atmosphäre, fordern die anderen vielleicht ihrerseits zu erbosten Reaktionen heraus und halten nicht selten eine Spirale von Abwertungen, Negativität und genereller Unzufrieden-heit in Gang.

WAS WOLLEN WIR FÜTTERN?

Ärger ist so etwas wie der natürliche Gegenspieler der Gelassenheit. Und oft kommt es uns so vor, als wären wir ihm hilflos ausgeliefert. Dabei sind es häufig wir selbst, die den Ärger am Laufen halten.

Lassen Sie dazu einmal die folgende Geschichte auf sich wirken:

Die zwei Wölfe

Ein weiser Großvater erzählte seinem Enkel eines Abends am Feuer von einem Kampf, der sich manchmal in ihm abspielt: »In meinem Herzen ist es dann, als ob zwei Wölfe miteinander kämpfen. Der eine ist dunkel, voller Gier, Bosheit und Wut. Der andere ist hell. Er steht für Verständnis, Geduld, Zuversicht und Frieden.« Der Enkel schaute den Alten gespannt an. »Und welcher Wolf wird gewinnen?«, fragte er. Der Großvater blickte ihm ruhig in die Augen. »Der, den ich füttere«, antwortete er.
(Autor unbekannt)

Wir haben nicht in der Hand, wie die Dinge im Außen laufen oder andere Menschen sich verhalten. Worauf wir allerdings Einfluss nehmen können, ist, wie wir uns selbst dazu verhalten. Wie die Geschichte zwischen Großvater und Enkel zeigt, können wir uns entscheiden, ob wir lieber den Ärger oder die Gelassenheit füttern wollen.

Sich über jemanden zu ärgern und an diesem Ärger festzuhalten ist so, als würden Sie ein Stück glühende Kohle in die Hand nehmen, um es nach einer anderen Person zu werfen. Sie verbrennen sich selbst dabei. Der rücksichtslose Autofahrer vor Ihnen bekommt Ihren Ärger ja gar nicht mit. Politiker ändern sich nicht, weil Sie bei der morgendlichen Zeitungslektüre über so viel Unvernunft wettern. Ihre Kinder oder die Firmenleitung verhalten sich nicht deshalb anders, weil Sie sich über sie ärgern. Die deutsche Sprache ist hier sehr genau: *Ich* ärgere *mich*. Es ist etwas, das Sie sich antun, nicht dem anderen. Es schadet Ihnen.

> **Inwiefern kann Ärger nützlich sein?**
> *Es geht nicht darum, den eigenen Ärger zu verdrängen oder zu verleugnen. Ärger ist meist ein Hinweis darauf, dass ein tieferes Bedürfnis in uns nicht erfüllt ist, dass wir etwas brauchen. Statt den Ärger weiter zu füttern, fragen Sie sich, wie Sie gerade gut für sich sorgen könnten. Damit wird der Ärger ein Anstoß für Selbstfürsorge (s. auch die Übung auf Seite 54).*

UMGANG MIT ÄRGER

Praxistipps

Wenn sich die Ärgerfalten auf Ihrer Stirn festsetzen, fragen Sie sich: Welchen Wolf füttere ich gerade? Welche Gedanken oder Verhaltensweisen befeuern meinen Ärger noch? Was wäre stattdessen hilfreich? Hier ein paar praktische Vorschläge.

Stoppen Sie die innere Geschichte

⭐ Wenn Sie merken, dass mental wieder und wieder dieselbe ärgerliche Geschichte abläuft, dann stoppen Sie sich selbst. Erzählen Sie sie nicht noch mal – weder laut Ihrem Gegenüber noch leise sich selbst. Richten Sie Ihre Aufmerksamkeit bewusst auf etwas anderes. Denken Sie an etwas, was Sie mit Freude erfüllt, singen Sie Ihr Lieblingslied. Auch wenn sich das im ersten Moment künstlich anfühlen mag, hilft es, aus der Frustspirale auszusteigen.

Raustreten aus der Ohnmacht

⭐ Ärger entsteht häufig, weil wir uns plötzlich als unangenehm machtlos erleben. Zugverspätungen, die Schlange am Paketschalter, Warteschleifen am Telefon: Wir sind auf einmal nicht mehr Herr über unsere eigene Zeit und müssen uns etwas beugen, auf das wir keinen Einfluss nehmen können. Der Trick liegt also darin, die eigene Souveränität wiederzuerlangen. Deuten Sie die Situation um! Schaffen Sie die Möglichkeit, die Zeit für sich zu nutzen, und der Ärger verfliegt. Im Zug: Mehr Muße für den spannenden Schmöker! In der Warteschlange: Endlich Zeit für die Beckenboden-Übungen, sieht ja von außen niemand! In der Telefonschleife: Was sollte noch mal alles auf den Einkaufszettel?

Was könnte ein guter Grund sein?

⭐ Wenn Sie sich gerade sehr über jemanden ärgern, kann es helfen, sich in die Person hineinzuversetzen. Was könnte ein guter Grund sein, warum sich derjenige so verhält? Statt zu denken: *Warum fährt die Idiotin bloß so langsam? Die ganze Straße ist doch frei!* wäre ja auch vorstellbar, dass sie vor kurzem auf dieser Strecke einen Unfall hatte und daher nachvollziehbarerweise vorsichtig ist. Oder hat sie den Führerschein noch nicht lange und fühlt sich unsicher? Waren Sie selbst vielleicht schon einmal so in Gedanken oder so entspannt, dass Sie genauso langsam vor sich hin getuckert sind?

Wunderwaffe Humor

⭐ Wenn Ihnen das mit dem Verständnis nicht liegt, können Sie Humor einsetzen. Ob die Person vor Ihnen gerade für die Olympiade im Langsamfahren trainiert? Was könnte der schrägste Grund dafür sein, warum gerade passiert, was passiert? Die Idee ist nicht, schädliches Verhalten zu entschuldigen, sondern sich selbst dabei zu unterstützen, nicht in Stress zu geraten. Wer in Lachen ausbricht, Verständnis oder Mitgefühl für jemanden hat, ärgert sich nicht mehr.

Noch mal ganz in Ruhe

⭐ Wenn sich die verflixte Papierkassette im Drucker wieder einmal verkeilt hat, bringt es selten etwas, wütend daran herumzuzerren. Nehmen Sie körperlich und mental Abstand. Atmen Sie tief durch und beruhigen Sie sich. Ein neuer Anlauf mit weniger Anspannung hat deutlich größere Erfolgsaussichten.

Auszeit!

⭐ Wenn Sie richtig sauer sind, tun Sie sich (und Ihrem Gegenüber) einen Gefallen und sorgen Sie für eine Unterbrechung. Gerade im Konfliktfall ist in einer solchen Situation keine konstruktive Lösung zu erwarten. Streitgespräche machen dann meist alles nur noch schlimmer.

Sagen Sie, dass Sie eine Auszeit brauchen, verlassen Sie das Zimmer. Trinken Sie ein Glas Wasser, laufen Sie um den Block, machen Sie Sport, um Adrenalin abzubauen.

Ziehen Sie sich nicht jeden Schuh an

⭐ Lassen Sie unhöfliche Miesepeter und andere unangenehme Zeitgenossen links liegen. Angenommen, jemand kippt Ihnen eine Schubkarre voller Kuhmist vor die Füße. Sind Sie dann gezwungen, in den Haufen hineinzuspringen, zornig darin herumzustampfen und sich darüber zu beschweren, dass andere Leute überall ihre Unverschämtheiten fallen lassen? Wäre nicht auch eine Möglichkeit, einen Bogen außenherum zu machen?

NOTFALL-EMPATHIE

Übung

Sie sind gerade in einer Situation, die Sie akut stresst, ärgert oder bedrückt? Diese Notfall-Übung, die Mitgefühl mit sich selbst mit den Prinzipien der empathischen Kommunikation nach Marshall Rosenberg kombiniert, kann helfen. Entscheidend ist, dass Sie sich in der schwierigen Lage mit Freundlichkeit, Einfühlungsvermögen und Mitgefühl begegnen, nicht mit Selbstkritik.

»⟶ Verschaffen Sie sich so viel inneren und äußeren Raum, wie das gerade möglich ist. Verlassen Sie den Ort des größten Getümmels, und wenn Sie sich nur für fünf Minuten auf die Toilette zurückziehen. Atmen Sie tief durch, schließen Sie für einige Momente die Augen.

»⟶ Machen Sie sich klar, dass Sie gerade innerlich belastet sind, und erkennen Sie Ihr Leid an, z. B. indem Sie feststellen: »Ich weiß gerade nicht mehr ein noch aus«, »Das hat mich eben total enttäuscht«, »Ich bin wahnsinnig sauer«

oder »Ich fühle mich völlig überfordert«. Überspringen Sie diesen Punkt nicht, auch wenn Sie glauben, Sie wüssten doch sowieso, wie Sie sich fühlen, und das zusätzlich zu benennen könnte Ihre schwierigen Gefühle noch steigern. Doch das ist meist nicht der Fall. Einfach anzuerkennen, wie es uns selbst gerade geht, hat eine erstaunlich entspannende Wirkung.

»⟶ Stellen Sie sich vor, wie eine liebevolle, weise Freundin jetzt mit Ihnen sprechen würde. Vielleicht legen Sie mitfühlend die Hand auf Ihr Herz und sagen zu sich selbst: »Ich verstehe, wie es dir geht. Das tut gerade ganz schön weh« oder »Das ist gerade echt anstrengend«.

»⟶ Machen Sie sich klar, welches grundlegende Bedürfnis in Ihnen unerfüllt ist (vgl. nebenstehende Liste). Wenn Sie das richtige getroffen haben, folgt darauf häufig ein tiefer Seufzer der Erleichterung.

»———→ Machen Sie sich bewusst, dass auch andere Menschen auf der Welt solche Gefühle, wie Sie sie gerade haben, kennen und Ihre Situation nachvollziehen können. Es ist menschlich, sich so zu fühlen.

»———→ Fragen Sie sich, wie Sie jetzt gut für sich sorgen könnten. Was wäre eine kleine konkrete Sache, die Sie tun könnten, um sich selbst zu unterstützen?

Bedürfnisse erkennen
Die Begriffe in der rechten Spalte stehen für grundlegende Bedürfnisse, die alle Menschen auf der Welt teilen. Schwierige Gefühle sind meist ein Signal dafür, dass eines oder mehrere dieser Bedürfnisse gerade zu kurz kommen. (Die Liste ist nicht vollständig, lesen Sie dazu das wunderbare Buch von Marshall Rosenberg: »Gewaltfreie Kommunikation: Eine Sprache des Lebens«.)

Wie wir uns fühlen	Was uns vermutlich gerade fehlt
Empört, wütend, frustriert	Respekt, Selbstbestimmung, Freiheit, Sicherheit, Resonanz
Enttäuscht, traurig	Verständnis, Wertschätzung, Verbindung, Selbstwert
Angestrengt, erschöpft, gestresst	Unterstützung, loslassen dürfen, Ruhe, Klarheit, Leichtigkeit
Voller Scham, ängstlich	So sein dürfen, wie wir sind / Fehler machen dürfen, Sicherheit

DIE STRESSREAKTION BERUHIGEN

In Situationen, die wir als anstrengend erleben, kommt die Stressreaktion in Gang. Diese Anpassungsreaktion, die uns in die Lage versetzen soll, mit potenziell lebensbedrohlichen Herausforderungen umzugehen (und die den aktuellen Gegebenheiten oft nicht besonders angemessen ist, vgl. Seite 47), unterliegt nicht unserem freien Willen. Sie entsteht im sogenannten autonomen Nervensystem, das ohne unser Zutun reagiert. Das heißt allerdings nicht, dass Sie keinen Einfluss darauf nehmen könnten.

Mithilfe einer kleinen Atempause (siehe ganz rechts) kann es z. B. gelingen, die Stressreaktion über eine körperliche Rückkopplung ein wenig zu drosseln. Automatisierte Reaktionen zu hinterfragen ist eine andere Möglichkeit.

Fragen Sie sich in Situationen, wo Sie sich üblicherweise ärgern: Beschwere ich mich gerade aus Gewohnheit? Ist meine Reaktion nützlich? Fühle ich mich dadurch (langfristig gesehen) besser? Ändert sie in positiver Weise irgendetwas für mich oder meine Mitmenschen? Was würde mir jetzt tatsächlich weiterhelfen?

Es kann sinnvoll sein, einmal darüber zu reflektieren, wie in der eigenen Herkunftsfamilie mit Unangenehmem oder Unvorhergesehenem umgegangen wurde.

Wenn man als kleines Kind wieder und wieder miterlebt, wie die Erwachsenen im Stau fluchen, lautstark über andere Menschen schimpfen, ein bestimmtes Klagelied anstimmen und in angespannten Situationen alles andere als gelassen reagieren, dann nimmt man das hin, wie man das als kleiner Junge oder kleines Mädchen eben tut – als etwas Normales. Man stellt das Verhalten der Erwachsenen nicht infrage, sondern nimmt an, dass das schon seine Richtigkeit hat. Und häufig gewöhnt man sich an, ebenso zu reagieren wie die nahen Bezugspersonen.

Wenn Sie merken, dass Sie aus Gewohnheit oder reflexhaft ärgerlich oder missmutig reagieren, machen Sie sich bewusst, dass Sie in der Lage sind, neue Gewohnheiten zu entwickeln.

Anfangen, mehr Gelassenheit zu entwickeln, können wir, wenn wir erkennen: Nicht alles, was wir denken, sagen oder tun, ist zwingend. Unsere Reaktionen erfolgen zwar oft automatisch, doch sie sind nicht gottgegeben und sie sind nicht immer sinnvoll. Häufig sind sie kontraproduktiv, und oft schaden sie vor allem uns selbst.

DEN KÖRPER BERUHIGEN MIT EINER ATEMPAUSE

Erinnern Sie sich daran, was Ihnen vielleicht Ihre Oma empfohlen hat, wenn mal wieder alles drunter und drüber ging? *Erst mal tief durchatmen!* Wie so mancher Vorschlag unserer Eltern oder Großeltern, den wir als Kind oder Jugendlicher womöglich altbacken fanden, ist das ein ziemlich kluger Rat.

Die automatisch ablaufende Stressreaktion geht mit einer schnelleren, flacheren Atmung einher. Wozu? Damit Sie in kurzer Zeit viel Sauerstoff aufnehmen und im Gefahrenfall schnell rennen können. Sie erinnern sich an die alte Geschichte mit dem Säbelzahntiger. Heute ist die Reaktion eher unpraktisch, zumal wir uns nicht selten schon im Kindesalter eine solche flache Atmung angewöhnen.

»⟶ Atmen Sie einmal alle Luft aus, die Sie noch in den Lungen haben. Ausatmen so lange, bis nichts mehr herausgeht, auch den letzten Rest. Die nächste Einatmung lassen Sie nun ganz von selbst kommen, und wenn danach wieder die Ausatmung einsetzt, atmen Sie erneut bewusst etwas länger aus als sonst, dann wird nämlich auch die nächste Einatmung ganz von selbst lang und tief.

»⟶ Nun atmen Sie normal weiter und während der nächsten zwei, drei Atemzüge verfolgen Sie aufmerksam mit, wie die Luft ganz von selbst in die Nase einströmt, die Lungen füllt und Ihren Körper mit der Ausatmung wieder verlässt.

»⟶ Eine solche kleine Atempause ist die beste Entspannungsmöglichkeit für zwischendurch. Sie signalisieren Ihrem Organismus damit nämlich: langsame, ruhige, volle Atmung. Alles entspannt hier. *Keine Gefahr im Verzug! Keine Notwendigkeit, sich auf Kampf oder Flucht vorzubereiten, Stressreaktion wieder zurückfahren!*

DEN GEIST BERUHIGEN: FÜNF DINGE

Übung

Manchmal sind wir so in innerem Aufruhr, von Sorgen oder durcheinanderwirbelnden Gedanken gefangen genommen, dass wir uns nichts mehr wünschen, als abschalten zu können. Die folgende Übung unterbricht das Grübelkarussell und hilft, den Geist ins Hier und Jetzt zu bringen.

»⟶ Wo immer Sie sich gerade aufhalten – sitzend, stehend oder liegend –, finden Sie eine möglichst entspannte Haltung und atmen Sie ein paarmal tief durch. Kommen Sie einen Moment zur Ruhe.
Richten Sie dann Ihre Aufmerksamkeit auf Ihre Umgebung. Lassen Sie den Blick schweifen, als hätten Sie dieses Zimmer oder diesen Ort noch nie gesehen.

»⟶ Nehmen Sie jetzt fünf Dinge wahr, die Sie sehen, und benennen Sie diese, entweder laut oder leise für sich selbst, z. B.: Ich sehe einen Tisch. Ich sehe die Lampe. Ich sehe das Fenster mit den ziehenden Wolken am Himmel. Ich sehe einen Bleistift. Ich sehe das rote Bild an der Wand. Verweilen Sie bei jedem Ding einen Augenblick und nehmen es wirklich bewusst wahr. Es können kleine oder große Gegenstände sein, Details oder auch Farben.

»⟶ Als Nächstes benennen Sie fünf Dinge, die Sie hören. Auch hier widmen Sie Ihre Aufmerksamkeit in dem Moment ganz dem jeweiligen Geräusch, bevor Sie zum nächsten übergehen.

»⟶ Kommen Sie dann zu den Empfindungen des Körpers und bemerken und benennen Sie fünf Wahrnehmungen – entweder über den Tastsinn der Haut (z. B. die Berührung der Rückenlehne, Kleidung auf der Haut) oder über die Interozeption, also Empfindungen aus dem Inneren des Körpers (wie Weite oder Enge in der Brust, Bewegungen des Atems, ein Grummeln im Bauch etc.).

»——→ Wenn Sie mögen, schließen Sie weitere Runden an: 4 Dinge, die ich sehe, höre, spüre, dann 3 Dinge, 2 Dinge, 1 Ding. Die Wahrnehmungen dürfen sich dabei wiederholen, es ist nicht entscheidend, was Sie aus dem Feld Ihrer Sinneseindrücke auswählen. Entscheidend ist, dass Sie Ihre ganze Aufmerksamkeit in diesem Moment darauf richten.

Grübelkreisläufe und Sorgenspiralen ziehen uns immer in die Vergangenheit oder Zukunft und weg von dem, was jetzt gerade real ist. Indem Sie durch die Benennung der fünf Dinge Ihre Wahrnehmung auf die tatsächliche Umgebung richten, verankern Sie sich in der Gegenwart und unterbrechen die sich verselbständigenden Gedanken.

Die Übung 5–4–3–2–1 wird u. a. auch in der Traumatherapie oder der Depressionsprophylaxe angewandt, da sie leicht umzusetzen ist und eine unmittelbar entspannende Wirkung auf den Geist hat.

Lassen Sie sich Pausen schenken
Ob Sie etwas als lästige Verzögerung oder als wunderbare Gelegenheit zum Durchatmen wahrnehmen, liegt an Ihrem Blickwinkel.
Sie haben einen Alltag, der Sie oft sehr fordert – warum also nicht jede Chance auf eine Pause nutzen, die sich bietet?
Rote Ampeln, Schlangestehen, Warteschleifen am Telefon: Alles Gelegenheiten, mal die Augen zu schließen, tiefer zu atmen, bewusst wahrnehmen, was Sie umgibt. Legen Sie eine Runde 5–4–3–2–1 ein. Halten Sie Ausschau nach einem interessanten Detail in Ihrer Umgebung, einer schönen Farbe, etwas, was Ihnen vorher nicht aufgefallen war. Steigen Sie bewusst aus der Ärgerspirale aus.

DAS GEDANKENKARUSSELL

»Montagmorgen. Ich stehe in der U-Bahn und denke an den bevorstehenden Arbeitstag. Meine Gedanken kreisen um die engen Termine, unangenehme Telefonate, dazu noch der schwelende Konflikt mit dem Kunden. Es fühlt sich an, als ob sich ein Ring um meinen Brustkorb legt, und mir wird flau im Magen. Die Gedanken schaukeln sich weiter hoch. Was ist, wenn wir diesen Kunden auch noch verlieren? Wie lang, bevor die ersten Entlassungen anstehen? – Meine Haltestelle wird ausgerufen. Ich würde am liebsten weiterfahren, einfach nicht hingehen …«
Kennen Sie solche Situationen?
Mein Schwager hat es treffend genannt:

Schon vor dem Stress gestresst sein, weil ich mir den kommenden Stress ausmale.

Während wir noch gar nicht in einer problematischen Situation sind – wir stehen ja in der U-Bahn, wo an sich noch alles in Ordnung ist –, geraten wir in Stress. Weil wir zulassen, dass die Gedanken machen, was sie wollen.

IMAGINÄRE SCHWIERIGKEITEN

Gedanken, die man frei wandern lässt, bewegen sich häufig in Richtung von Schwierigkeiten – tatsächlichen, oft aber auch vorgestellten, befürchteten. Mark Twain, amerikanischer Autor und Humorist, brachte es treffend auf den Punkt:
»Ich habe in meinem Leben unter unvorstellbar vielen Katastrophen gelitten. Die meisten davon sind nie passiert.«

Sie kennen das sicher: die nächtlichen Grübelattacken, in denen man Probleme wälzt, die am nächsten Tag gar keine sind. Im Kopf ein schwieriges Gespräch vor- und zurückspulen oder Argumente gegen erwartete Attacken sammeln, die in der realen Situation nicht erfolgen, weil das Gespräch ganz anders verläuft als vorhergesehen. *Wir sind gut darin, uns in Stress zu denken, weil unser Geist gut darin ist, Schwierigkeiten vorherzusehen, die gar nicht eintreten.* Wenn Sie sich also das nächste Mal in einem solchen mentalen Katastrophenszenario bewegen, erinnern Sie sich an Mark Twain.

GEDANKEN LIEBEN SCHWIERIGKEITEN

Doch auch die tatsächlichen Probleme ziehen unsere Aufmerksamkeit magisch an. Denn natürlich erleben wir viele reale Schwierigkeiten, und wenn es Menschen den Magen zusammenzieht, wenn sie etwa an die Herausforderungen im Job, in der Familie oder hinsichtlich ihrer Gesundheit denken, ist das nur verständlich. Entscheidend jedoch ist zu erkennen, dass die Art und Weise, wie wir uns üblicherweise mit diesen Schwierigkeiten befassen, wenig nützlich ist.

Angenommen, Ihre Arbeitssituation stresst Sie, Sie sehen aktuell aber keine Alternative. Erinnern Sie sich an das Verkehrsbeispiel vom Beginn des Buches? Es gibt zwei Möglichkeiten: Entweder Sie können das Auto vor sich überholen oder Sie können nicht. Wenn Sie können, tun Sie es, wenn Sie nicht können, hilft es nichts, damit zu hadern.

In diesem Fall ist es aber noch viel schwieriger, die Sache zu nehmen, wie sie ist, als mit dem Fahrer, der die Überholspur blockiert. Die Anspannung, die Ihre gegenwärtige Lebenssituation verursacht, ist permanent da, und die Gedanken wandern immer wieder dorthin zurück wie die Zunge, die bei Zahnschmerzen ständig die schmerzende Stelle betastet.

Die Gedanken umkreisen die Probleme, wenden sie hin und her, und statt Sie irgendeiner Lösung näherzubringen, ist Ihr Ärger, der Kloß im Hals, die Last auf den Schultern noch größer geworden. An diesem Punkt gilt es, aus dem Gedankenzug auszusteigen.

> *Es ist eine Sache, konstruktiv über etwas nachzudenken und dabei zu guten Ideen oder Veränderungsmöglichkeiten zu kommen. Was wir häufig tun, ist jedoch eher grübeln, uns Schwierigkeiten ausmalen, unangenehme Situationen wiederkäuen. Wir fühlen uns anschließend nicht zuversichtlicher oder einer Lösung näher, sondern im Gegenteil gestresster, verzagter oder ärgerlicher. Indem wir den Gedanken freien Lauf lassen, geraten wir in eine Problemtrance, die uns lähmt und schwächt.*

Zu lernen, belastende und uns schwächende Gedanken zu erkennen und sinnvoll mit ihnen umzugehen, ist eine zentrale Fähigkeit für mentale Gesundheit, Ausgeglichenheit und innere Balance. Wie man das üben kann, wird uns auf den nächsten Seiten beschäftigen.

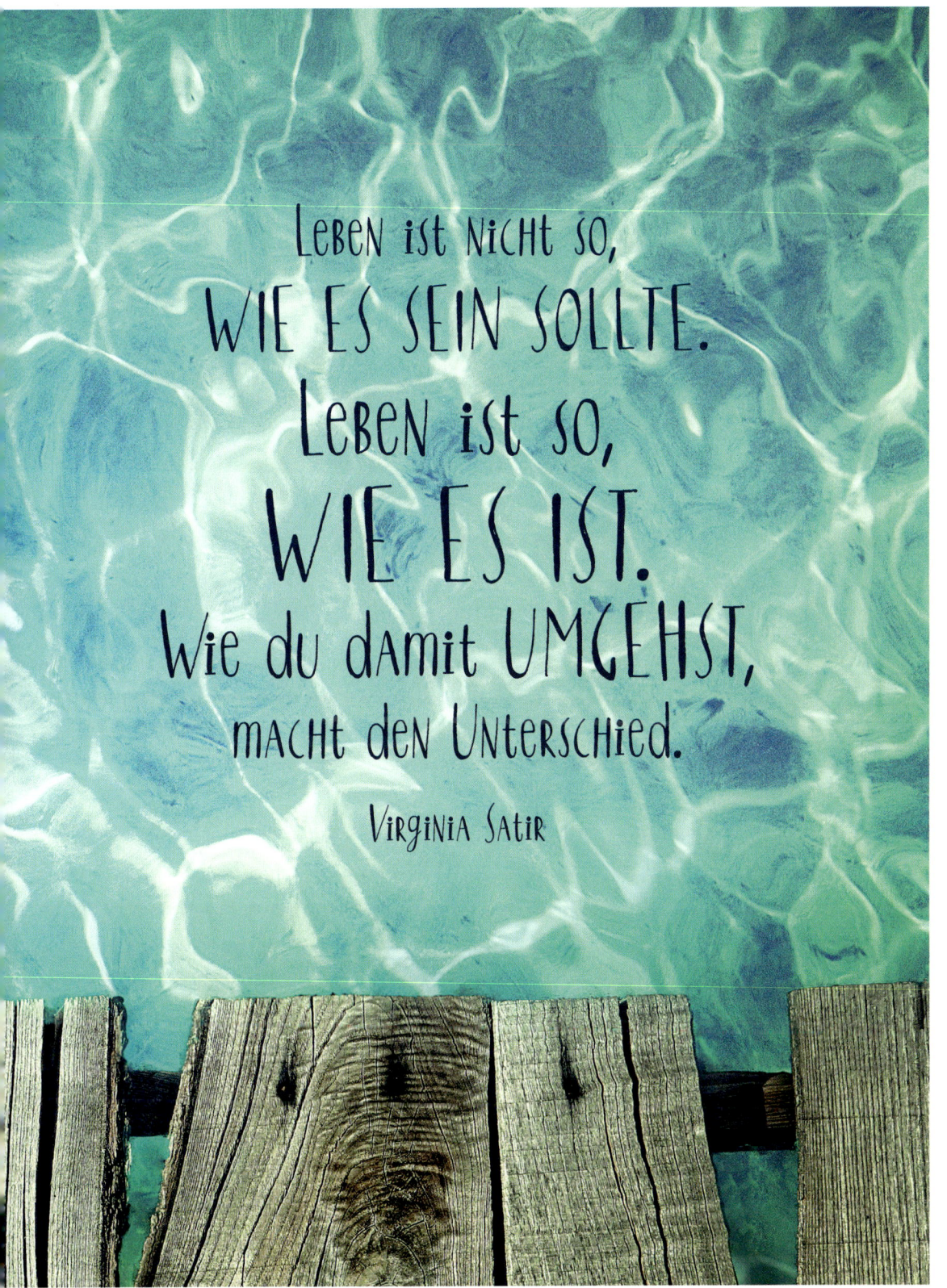

Leben ist nicht so,
WIE ES SEIN SOLLTE.
Leben ist so,
WIE ES IST.
Wie du damit UMGEHST,
macht den Unterschied.

Virginia Satir

MEDITATION FÜR EINSTEIGER

Einer der besten Wege, um sinnvoll mit schwierigen Gedanken umzugehen, ist meditieren lernen.

Meditation ist ein Überbegriff für sehr unterschiedliche Dinge. Es gibt verschiedene Formen und Ansätze, die alle ihren eigenen Wert haben. Ich möchte Ihnen Meditation näherbringen als eine der besten Möglichkeiten, sich mit der eigenen Innenwelt vertraut zu machen und Gelassenheit zu kultivieren, und zwar in einer Form, wie sie schon seit über 2000 Jahren in verschiedenen Teilen der Welt geübt wird.

Es geht dabei einfach darum, dass Sie *dem* Aufmerksamkeit schenken, was in Ihnen vor sich geht. Sie schulen Ihre Präsenz und Bewusstheit für das, was im gegenwärtigen Moment abläuft. Man könnte es auch Geistesgegenwart nennen. Sie üben, Ihre Geistesinhalte wahrzunehmen, ohne sich davon vereinnahmen zu lassen, dagegen zu kämpfen oder hineingezogen zu werden. Sie machen sich Stück für

Stück vertraut mit dem, was ein heilsamer Umgang mit Ihrer inneren Welt ist. Es ist weder etwas Mystisches noch etwas besonders Kompliziertes. Wenn Sie in der Lage sind, einen Atemzug lang zu bemerken, dass Sie atmen, dann können Sie auch meditieren.

»——→ Setzen Sie sich so aufrecht und dabei so bequem wie möglich hin. Stellen Sie einen Timer so ein, dass Sie nach zehn Minuten einen Ton hören (später können Sie auf fünfzehn oder zwanzig Minuten erhöhen). Schließen Sie die Augen.

»——→ Wenn Sie das nächste Mal ausatmen, verfolgen Sie mit, wie die Luft Ihren Körper verlässt, bis Sie ganz ausgeatmet haben. Nehmen Sie nun wahr, wie die Einatmung kommt und sich danach die nächste Ausatmung anschließt. Richten Sie Ihre Aufmerksamkeit auf die körperlichen Empfindungen beim Ein- und Ausatmen.

»——→ Erlauben Sie sich zu entspannen. Sie können nichts falsch machen. Erwarten Sie nichts Besonderes. Nehmen Sie es als eine Übung im Seinlassen. Lassen Sie sich sein, lassen Sie den Atem sein.

»———→ Sie brauchen weder besonders tief noch absichtlich regelmäßig zu atmen. Der Atem kommt und geht so, wie es jetzt gerade geschieht, und Sie sind einfach so gut es geht mit der Aufmerksamkeit dabei.

»———→ Wenn Ihre Aufmerksamkeit abschweift, was sie sicher tun wird, kritisieren Sie sich nicht dafür. Das ist ganz normal. Freuen Sie sich, dass Sie es gemerkt haben! Und dann richten Sie Ihr Gewahrsein wieder auf den Atem und nehmen ihn, so sorgfältig es gerade geht, wahr.

»———→ Wenn der Timer das Ende der Zeit anzeigt, bleiben Sie noch einen Moment sitzen, ohne sich etwas Bestimmtes vorzunehmen.

ABSTAND VOM KOPFKINO

Das ist alles. Ihr Atem ist der Anknüpfungspunkt, zu dem Sie immer und immer wieder zurückkehren. Und während Sie das tun, lernen Sie zu bemerken, was in Ihrem Geist vor sich geht. Manchmal werden Sie Momente von Ruhe und Entspannung erleben, während Sie Ihrem Atem folgen, manchmal nicht. Sie werden sicher erleben, wie sich Ihr Verstand ständig hierhin und dorthin bewegt, Gedanken und inneren Geschichten folgt,

wie er sich mal langweilt, müde wird und auf sich selbst ärgerlich, wie er plappert und jedem Impuls nachgehen will. Das ist völlig normal und Sie machen nichts falsch. Es ist einfach die Natur des untrainierten Geistes.

Was sich nach und nach, in kleinen Schritten, einstellen wird, ist die Fähigkeit, diese Vorgänge zu bemerken, dafür Zeuge zu sein, ohne einzusteigen. Die Fähigkeit, es so zu *lassen* und die Aufmerksamkeit dann wieder auf den Atem zu richten.

Gedanken kommen und gehen beständig in unserem Kopf. Sie sind nicht zwangsläufig wahr und wir sind nicht gezwungen, ihnen groß Beachtung zu schenken, wenn wir nicht wollen. Meditation ermöglicht Abstand vom eigenen Kopfkino. Darum fördert Meditation wie vielleicht nichts anderes auf der Welt auf so wunderbare Weise Gelassenheit. Dann merken wir nämlich immer öfter auch im Alltag, dass wir uns gerade in einer inneren Ärger- oder Sorgenspirale befinden und dass wir daraus aussteigen können.

Meditation braucht Training. Machen Sie die Übung am besten täglich über mehrere Wochen. Kürzer, aber dafür regelmäßig zu üben ist nützlicher als länger, aber dafür selten.

Meditation bedeutet nicht, den eigenen Geist zu kontrollieren, sondern vielmehr zu lernen, sich nicht von ihm kontrollieren zu lassen.

MIT FREUNDLICHER BEHARRLICHKEIT

In der Meditation üben wir, nicht auf jeden Gedankengang aufzuspringen und nicht gleich automatisch zu reagieren. Dadurch entsteht mit der Zeit mehr Raum in uns. Es wächst die Fähigkeit, auch unangenehme Zustände wie etwa Unruhe oder innere Anspannung zu *halten*.

Einen inneren Zustand zu halten ist nicht dasselbe wie etwas auszuhalten, die Zähne zusammenzubeißen und zu ertragen. Meditation schult Fähigkeiten wie Frustrationstoleranz und Impulskontrolle. Nicht jedoch, weil wir uns verbissen verbieten zu reagieren. Sondern indem wir geduldig wieder und wieder mit unserer Aufmerksamkeit zum Atem zurückkehren, mit freundlicher Beharrlichkeit, obwohl der Geist viel lieber seinen Impulsen folgen möchte. So merken wir mit der Zeit, dass wir nicht explodieren, auch wenn es noch so sehr juckt und wir nicht kratzen. Wir merken, dass wir uns nicht kratzen *müssen*, sondern dass wir entscheiden können, ob wir kratzen oder nicht. Dann müssen wir auch nicht mehr automatisch zu dem Stück Schokolade greifen oder zur Zigarette oder zum Handy. Die harsche Bemerkung, die uns auf der Zunge liegt und die wir später bereuen würden, können wir uns vielleicht verkneifen.

Wer mehr Bewusstheit ins eigene Leben bringt, wird wieder Herr oder Herrin im eigenen Haus.

Wohin Sie Ihre Aufmerksamkeit richten, dorthin fließt auch Ihre Energie. Wollen Sie Ihre Energie beim Problem haben oder bei der Lösung? Bei dem, was Sie nervt, ärgert oder belastet, oder bei dem, was Sie stärkt, unterstützt, freut und die Situation zum Positiven verändern kann? Entziehen Sie negativen Gedankenkreisläufen und der Problemtrance Ihre Aufmerksamkeit. Stärken Sie, was Ihnen Kraft gibt.

RAUS AUS DEM GEDANKENZUG

Stellen Sie sich vor, das Innere Ihres Kopfes ist ein belebter Bahnhof und Sie sitzen am Bahnsteig und beobachten, was vor sich geht. Die ein- und ausfahrenden Züge sind Ihre Gedanken. Wer zu meditieren beginnt, merkt immer öfter, wenn er unwillentlich in einen Zug eingestiegen ist, der irgendwohin fährt, wohin man gerade gar nicht wollte – beispielsweise in Richtung Sorgenstadt, Ärgerndorf oder Grübelheim. Machen Sie sich bewusst, dass Sie nicht im Zug sitzen bleiben müssen. Sie können aussteigen.

Glauben Sie nicht alles, was Sie denken.

Nicht alles, was Sie denken, ist auch automatisch wahr. Sicher, wir alle haben wichtige, hehre und kluge Gedanken. Aber eben auch jede Menge unnütze Wiederholungen, die sich im Kreis drehen, Selbstabwertungen, ungerechte Vorwürfe und Katastrophenszenarien. Gedanken sind erst einmal nur ein mentales Angebot – wie eine Aufforderung zum Tanz können Sie sie auch ablehnen. Manche dieser unangenehmen mentalen Tanzpartner sind jedoch wahnsinnig aufdringlich. Sie zu ignorieren oder streng wegzuschicken hilft oft nicht weiter. Versuchen Sie es einmal damit:

Ah, du schon wieder
⭐ Wenden Sie sich den Gedanken wie einem etwas anstrengenden, aber lieben Bekannten zu. »Ah, da bist du ja wieder. Ich glaube nicht alles, was du erzählst, aber du kannst du dich ruhig hersetzen.«

Das Radio-Programm
⭐ Benennen Sie schwierige Gedankenschleifen wie eine Radiostation. Läuft in Ihrem Kopf das »Was an mir alles verkehrt ist«-Programm? Die »Das geht bestimmt schief«-Station? Vielleicht ist auch häufig der Sender »Meine Top-10-Missgeschicke vergangener Woche« eingestellt. Finden Sie ein Label mit Augenzwinkern, bemerken Sie, wenn das Programm läuft, und kümmern Sie sich dann nicht mehr darum – ähnlich wie bei Hintergrundmusik im Radio.

Wir können nicht entscheiden, bestimmte Gedanken nicht mehr zu haben. Anstrengungen in diese Richtung schlagen fehl und machen die Sache oft noch schlimmer, weil wir dann Angst vor diesen Gedanken entwickeln. Beim Umgang mit schwierigen Gedanken geht es vielmehr darum, Abstand herzustellen und sich nicht hineinzuverwickeln.

KÖRPER UND GEIST ENTSPANNEN

Je öfter wir Umstände schaffen, in denen Körper und Geist zur Ruhe kommen, desto vertrauter wird ein innerer Zustand von Ausgeglichenheit. Wir sind Gewohnheitstiere und das gilt glücklicherweise nicht nur für schädliche, sondern auch für nützliche Gewohnheiten. Schritt für Schritt wird dieser ausgeglichene Zustand immer normaler. Wir merken schneller, wenn wir ihn verlassen, und können gegensteuern.

RELAX, MY DEAR

Geben Sie Ihrem Körper und Ihrem Verstand die Möglichkeit, abzuschalten, runterzufahren, sich zu entspannen. Wer unter hoher Belastung oder Anspannung steht, neigt dazu, genau dort Abstriche zu machen, weil er glaubt, dafür keine Zeit zu haben. Doch ohne Erholung und Regeneration kann niemand auf Dauer gute Leistung bringen, wir schrauben dadurch nur die Stressspirale weiter nach oben und werden irgendwann krank. Was gefällt Ihnen aus dieser Sammlung körperlicher und geistiger Entspannungsmöglichkeiten?

⭐ Ein heißes Schaumbad mit Kerzenlicht nehmen

⭐ Ausgiebig in die Sauna gehen oder noch besser ein Wellnesswochenende mit der besten Freundin buchen

⭐ Eine Form von meditativer Körperarbeit erlernen, z. B. Yoga, Qi Gong, Tai Chi

⭐ Einen Kurs in Stessbewältigung durch Achtsamkeit, Autogenem Training oder Progressiver Muskelrelaxation besuchen

⭐ Den Alltag hinter sich lassen und in die Natur gehen, z. B. in die Berge oder an die See

⭐ Sich lustvoll auspowern und Stressenergie abbauen beim Sport oder Tanzen

⭐ Singen! Kaum etwas ist so anregend, kreativitätssteigernd und verbindend. Suchen Sie sich einen Chor, der aus Freude (und nicht aus einem Leistungsgedanken heraus) singt oder buchen Sie ein Wochenendseminar

⭐ Alles, was Ihnen Freude macht und Sie aus dem Kopf hinein in möglichst genussvolles körperliches Tun bringt: Gartenarbeit, Sport, Sex, malen, töpfern, mit anderen gemeinsam kochen und köstlich tafeln, Musik machen, tanzen, mit Kindern und Tieren spielen

GUT FÜR MICH SORGEN

In unserem täglichen To-do-Marathon vergessen wir oft uns selbst. Unser Auto pflegen wir meist besser als unsere Seele. Füllen Sie diese Seite aus, damit Sie hier nachschlagen können, wenn Sie das nächste Mal Inspiration beim Liebevoll-mit-sich-selbst-Umgehen brauchen.

*Am besten kann ich meine Batterien
wieder aufladen, indem ich*

_____

_____

_____

*Um mich selbst zu verwöhnen,
könnte ich*

_____

_____

_____

*Richtig gute Laune bekomme ich,
wenn*

_____

_____

_____

*Mein Herz und meine Seele können
aufatmen, wenn*

_____

_____

_____

SCHRITTE AUF DEM WEG ZU MEHR ENTSPANNUNG

1

Erkennen Sie Ihr Steinzeiterbe

Wir sind als menschliche Rasse auf den Kampf-oder-Flucht-Modus geeicht. Wenn Ihr innerer Neandertaler mal wieder in Aktion treten will, machen Sie sich klar, dass er es gut meint, aber nicht unbedingt die klügste Strategie verfolgt. Klopfen Sie ihm beruhigend auf die Schulter und erinnern Sie ihn daran, dass es gerade nicht um Leben oder Tod geht.

2

Schalten Sie bewusst Ablenkungs- und Reizfaktoren aus

Ständig verlangen Reize um uns herum unsere Aufmerksamkeit, überall blinkt und piept es. Verschaffen Sie sich mehr Ruhe. Ist das Autoradio tatsächlich auf jeder Fahrt entspannend? Müssen Sie wirklich über das Eintreffen jeder SMS und Mail in derselben Sekunde informiert werden?

3

Kleine Geste mit großer Wirkung

Die herablassende Nachbarin, die besserwisserische Schwiegermutter: Haben Sie Menschen im Umfeld, mit denen nicht leicht auszukommen ist, denen Sie aber nicht ständig aus dem Weg gehen können, kann dieser Kniff helfen: Suchen Sie sich eine unauffällige Geste, mit der sich ärgerliches Verhalten in Luft auflösen lässt. Streifen Sie sich z. B. entspannt einen Fussel von der Schulter oder betätigen Sie mit einem Finger eine imaginäre Klospülung: Souverän und mit einem inneren Lächeln lassen Sie das Ärgernis einfach verschwinden.

4

*Finden Sie eine geeignete
Entspannungsmethode*

Reduzieren Sie Ihr Anspannungsniveau, sonst hat Gelassenheit keine große Chance. Es gibt eine Vielzahl von Möglichkeiten, aus denen Sie wählen können, wie etwa Progressive Muskelentspannung, Autogenes Training, Yoga oder Tai Chi. Einer der nachweislich wirksamsten Wege ist das Erlernen von Achtsamkeitsmeditation, wie es z. B. im Programm Stressbewältigung durch Achtsamkeit (MBSR) oder in buddhistischen Meditationszentren vermittelt wird.

5

*Entwickeln Sie Abstand zu
Ihren Gedanken*

Nicht jeder Gedanke, der Ihnen durch den Kopf rauscht, ist wahr, und nicht jedem müssen Sie Beachtung schenken. Humor und ein gesunder Abstand zum eigenen Kopfkino wirken Wunder.

6

Sorgen Sie für sich selbst

Unser Körper gibt uns ständig Rückmeldung darüber, was wir brauchen. Oft ignorieren wir seine Signale jedoch oder bemerken sie erst dann, wenn sie extrem werden, weil wir unsere Grenzen schon lange überschritten haben. Überanstrengung und Gelassenheit gehen schlecht zusammen. Kümmern Sie sich gut um sich selbst.

Viertes Kapitel

Frieden schließen mit sich und der Welt: Auf den Wellen des Lebens reiten

In diesem Kapitel erfahren Sie

Wie wir leichter vom Nein zum Ja finden

»——→

Warum uns die großen Gesetzmäßigkeiten
des Lebens helfen, mit kleinen Schwierigkeiten
besser umzugehen

»——→

Wie wir lernen können,
uns selbst zu verzeihen

»——→

Wie wir üben können,
gelassen damit umzugehen,
wenn wir nicht gelassen sind

DAS GROSSE JA

Der Arzt und Autor Jens Baum hat es in seinem klugen Buch *Wie's weitergeht, wenn nichts mehr geht* auf eine einprägsame Formel gebracht:

Es ist, wie es ist.
Ich akzeptiere, wie es ist.
Ich gehe den nächsten Schritt.

Hört sich logisch an, nicht wahr? Warum tun wir uns dann so schwer damit? Stellen Sie sich vor, Sie haben sich schon den ganzen Tag auf einen entspannten Abend gefreut: Füße hoch und ein gutes Glas Wein. Stattdessen erbricht Ihre Katze auf dem Wohnzimmerteppich. *Nein, nein, nein! Das darf nicht wahr sein!* Statt eines Ja ist unsere innere Reaktion eher:
Es ist, wie es ist,
und es gefällt mir nicht, wie es ist,
und ich wehre mich dagegen.

Es ist wichtig, sich bewusst zu machen, dass dieses impulsive Sichwehren eine völlig verständliche, natürliche Reaktion ist. Sie ist absolut nachvollziehbar. Und: Sie ist nicht hilfreich.

DEN WIDERSTAND AUFGEBEN

Unangenehme Sachen passieren. Kleine Schwierigkeiten und richtig schlimme Dinge. Jeder Mensch erlebt Schmerz, emotional und körperlich. Wenn wir darauf mit Widerstand reagieren, wird es noch schlimmer. Im Buddhismus wird dafür sogar eine Formel verwandt: Schmerz multipliziert mit Widerstand ergibt Leid.

$$\text{Schmerz} \times \text{Widerstand} = \text{Leid}$$

Schmerz ist sicherlich unangenehm. Doch Leid entsteht daraus, dass wir dem Schmerz Widerstand entgegenbringen. Mit dem folgenden kleinen Experiment können Sie die Wirkung dieses Widerstands an sich selbst testen.

Schließen Sie die Augen. Atmen Sie ein paar Mal tief durch und führen Sie die Aufmerksamkeit nach innen. Allem, was Sie in den nächsten Momenten wahrnehmen, bringen Sie nun ein mentales NEIN

entgegen. Egal ob das etwas ist, was Sie hören oder riechen, denken oder spüren – auf all diese Wahrnehmungen richten Sie die Energie der Ablehnung, des Widerstands. Spüren Sie, wie sich dieses NEIN in Ihnen bemerkbar macht. Wie fühlt es sich im Körper an? Jede Erfahrung, die Sie machen, schieben Sie mit einem NEIN von sich weg, was auch immer es gerade ist. Was geschieht dabei mit Ihrem Atem? Ihrem Muskeltonus? Ihrer emotionalen Stimmung?
Am Ende der kleinen Übung öffnen Sie die Augen und schütteln Sie die Energie der Abwehr aus sich heraus.

Für viele Menschen ist bei diesem Experiment rasch spürbar, dass ein innerliches Nein uns eng macht. Wir spannen die Muskeln an, werden hart und machen uns bereit für – Sie ahnen es schon – Kampf oder Flucht. Auf einer ganz instinktiven Ebene signalisiert das Nein unserem System: Achtung, Gefahr!

KÖRPERLICH-GEISTIGE RÜCKKOPPLUNG

So natürlich und nachvollziehbar unsere Abwehrreaktion also auch ist – wer hat schon Lust, Katzenkotze vom Teppich aufzuwischen –, so kontraproduktiv ist

sie. Zu der an sich schon unangenehmen Tatsache, dass etwas anders läuft, als wir es gerne hätten, addiert sie noch körperliche und mentale Anspannung. Da körperliche Vorgänge und Gehirnaktivität in einer ständigen Rückkopplung aufeinander bezogen sind, »liest« das Gehirn die Anspannung der Muskulatur, die durch die Abwehr hervorgerufen wird, als Signal für Gefahr und schüttet weitere Stresshormone aus, um sich auf einen möglichen Angriff von außen vorzubereiten. So kommt ein Aufschaukelungsprozess in Gang, der alles nur noch schlimmer macht.

Nun sehen wir auch genauer, warum zulassen, akzeptieren, anerkennen so sinnvoll ist: Wenn es gelingt, Ja zu sagen zu dem, wie es gerade ist, brauche ich keine Energie für die Abwehr aufzubauen. Ich kann ruhiger ins Auge fassen, ob es gerade etwas gibt, was ich tun kann, um die Situation positiv zu verändern, oder ob dem Leben im Moment am besten gedient ist, wenn ich einfach nichts tue.

Machen Sie sich bewusst, dass es auf das, was passiert ist, keinen Einfluss hat, ob Sie dazu Ja sagen können oder nicht. Und auch wenn Sie Nein sagen, lässt sich dadurch nicht verändern, was bereits geschehen ist.

VERSÖHNUNG MIT DEM AUGENBLICK

Nicht nur das Außen verweigert sich unseren Wünschen, wenn es z. B. regnet, wo wir doch Sonnenschein für das Picknick bestellt hatten. Auch unsere eigene Innenwelt haben wir nicht unter Kontrolle. Wir wollen gelassen sein und merken, dass wir uns ärgern. Wir wollen souverän sein und haben wacklige Knie. Was tun?

*Akzeptieren, dass es so ist.
Uns so nehmen,
wie wir sind.*

Lassen Sie mich dazu eine persönliche Geschichte erzählen: Ich hatte mich vor einigen Jahren zu einem mehrwöchigen Meditationsretreat in der Schweiz angemeldet. Mein Mann hingegen wollte für ein Trekking nach Nepal fahren und hatte noch versucht, mich zum Mitkommen zu bewegen. »Wir werden es so schön haben. Stell dir vor, wie die Sonne morgens über dem Annapurna aufgehen wird!« Aber ich war fest entschlossen. Ich freute mich so auf Stille und innere Einkehr und meine Erwartungen waren so groß, dass ich mich fast fröhlich von Lothar verabschiedete.

Und nun, wo der Meditationskurs begonnen hatte – was war da mit heiterer Gelassenheit und innerer Stille? Nada! Nüscht! Die ersten ein, zwei Tage war ich noch einverstanden mit meiner Unruhe, ich musste mich ja erst mal in den Tagesablauf einfinden. Doch wurde ich immer ungeduldiger und unzufriedener mit mir selbst. Warum war ich bloß hierher gefahren? Die innere Ruhe, nach der ich mich so sehnte, schien meilenweit entfernt. Stattdessen ratterte mein Hirn und malte mir Bilder von Sonnenaufgängen im Himalaja aus. Ich fühlte mich wie ein kleines Kind, dem man einen Lolli versprochen hatte, wenn es vom Spielplatz mit nach Hause kommt, und nun war nix mit Lolli. Weder Himalaja noch Liebster, aber dafür auch keine seelische Ruhe. Stattdessen wachsende Frustration und Enttäuschung.

Alle paar Tage gab es die Möglichkeit zu einem Gespräch mit einem Meditationslehrer. Fred von Allmen, der mir damals gegenübersaß, blickte mich aus warmen Augen an, als ich ihm meine Misere schilderte und wie ich mit der Situation haderte. Er schwieg einen Moment, dann meinte er bedächtig: »Ja, so etwas passiert, nicht wahr? Da hilft nur, Frieden mit der ganzen Sache zu schließen!« Diesen Rat habe ich nie mehr vergessen. *Frieden schließen mit meinem eigenen Unfrieden.* Frieden mit meinem Hadern, meiner Unzufriedenheit, meinem eigenen Urteilen über mich. Nicht mehr dagegen ankämpfen, dass eine nagende Stimme in mir sagte, ich hätte einen Fehler gemacht, hierherzukommen. *Ja, so war das alles gerade.* Was für eine Erleichterung.

Seelischer Frieden entsteht nicht dann, wenn auf einmal wie durch Zauberhand alles gut und friedlich ist, sondern wenn wir lernen, Frieden zu schließen mit dem, wie es ist und wie wir sind.

Dann löst sich Anspannung, dann wird uns weiter ums Herz, dann können wir auch Alternativen sehen oder eine mögliche Lösung. Dann kann sich etwas verändern.
Von diesem Gespräch an wandelte sich meine Erfahrung. Nicht, dass danach alles immer leicht gewesen wäre. Doch wenn ich wieder zu kämpfen begann mit mir und den Umständen, erinnerte ich mich an Freds Lächeln. *Frieden schließen.*

JA ZUM LEBEN SAGEN

Wenn Sie einmal im Kleinen ausprobieren möchten, wie sich das anfühlen kann, machen Sie folgendes Experiment. Schließen Sie die Augen und lassen Sie zu, dass sich Ihr Gesicht, Ihre Schultern, Ihr Bauch entspannen. Der Atem wird ganz von selbst ein bisschen tiefer. Und was immer Sie in den nächsten Minuten wahrnehmen, bringen Sie Ihrer Erfahrung ein inneres JA entgegen. Begrüßen Sie alles, was Sie hören, spüren oder denken, mit offener Akzeptanz. Auch wenn Sie etwas wahrnehmen, was Ihnen gerade unangenehm ist, sagen Sie JA dazu: JA zu der inneren Stimme, die die Übung doof findet, JA zu Ihrer Ungeduld, den Rückenschmerzen, zu Ihrem inneren Nein, JA zu sich selbst, JA zu allem, was geschieht – alles, was auftaucht, lassen Sie in einem größeren Feld von JA schweben, ohne sonst irgendetwas damit zu tun.
Bemerken Sie dabei, wie sich das JA in Ihrem Körper anfühlt. Gibt es mehr Raum in der Brust? Wie geht der Atem? Wie fühlt es sich an, wenn Sie dem Leben mit einem JA begegnen?

DIE HERAUSFORDERUNG
liegt darin, uns genauso zu akzeptieren,
WIE WIR SIND,
und dabei nie den Wunsch aufzugeben,
zu lernen und zu wachsen.

Tony Schwartz

SICH SELBST SO NEHMEN, WIE MAN IST

Frieden mit uns selbst zu schließen ist nicht einfach. Denn mit kaum jemand gehen wir so hart ins Gericht wie mit uns selbst. Gelassenheit in Bezug auf unsere eigenen (vermeintlichen oder tatsächlichen) Fehler oder Unzulänglichkeiten zu entwickeln ist oft ein schrittweiser Prozess. Bettina, eine Kursteilnehmerin, erzählt dazu folgende Geschichte:

»Ich hatte auf einer Dienstreise einen ungeplanten Aufenthalt am Flughafen. Im Wartebereich sprach mich ein Kosmetikvertreter an, er hätte da ein einmaliges Angebot für ein strahlendes Hautbild. Ein Collagen-Verkaufsgespräch im Duty-free-Bereich war das letzte, was ich gebrauchen konnte. Ich wimmelte ihn ab. Zweimal. Dreimal. Was soll ich sagen, irgendwann hatte er mich weichgekocht und ich einen Verkaufsabschluss über Hautpflegeprodukte im Wert von 400 Euro unterschrieben. Auf dem Weg nach Hause krümmte sich mir vor Scham der Magen zusammen. Wie sollte ich das meinem Mann erklären? Wir können uns finanziell echt keine großen Sprünge

leisten. Ich konnte es selbst nicht fassen. Ich war doch wirklich kein naives Huhn, das sich von einem hergelaufenen Vertreter teuren Mist andrehen lässt! Ein paar Tage kreisten meine Gedanken nur um diese unselige Geschichte. Sie kennen das sicher: Situationen, wo man denkt, das ist doch nur ein schlechter Traum, gleich wache ich auf und alles ist wieder gut. Im Vergleich zu wirklich großen Problemen kann man sagen, hier ging es ja nur um Geld, und das stimmt natürlich. Mir machte das Ganze auch deshalb so zu schaffen, weil ich nicht fassen konnte, dass ich mich so hatte übertölpeln lassen mit Versprechen von glatter jugendlicher Haut. So etwas passiert nur anderen, hatte ich früher immer gedacht, Leuten, die total naiv sind. Und jetzt ich, eine aufgeklärte Großstädterin, die sich so etwas gegenüber immun gefühlt hatte.« Genau hier lag auch die Möglichkeit zu innerem Frieden: Irgendwann musste Bettina sich eingestehen, dass sie eben nicht immun gewesen war. Sie musste ihr eigenes Selbstbild an die Realität anpassen. Auch wenn sie es vorher nicht für möglich gehalten hatte, so waren das schlicht die Fakten. »Die Sache liegt nun ein paar Wochen zurück und mittlerweile kann ich davon erzählen, ohne rot zu werden. Ich kann sogar meinen Hut ziehen vor dem Typ am Flughafen – er war schlicht ein echt guter Verkäufer. Er hat mich einfach richtig eingewickelt. Als ich meinem Mann davon erzählte, war es fast eine Erleichterung: durchzuatmen und einzugestehen, dass ich Mist gemacht hatte.«

JA, SO IST ES

Wir sind alle nur Menschen. Wir sind nicht perfekt. Wir machen Dummheiten, wir verhauen Prüfungen, wir enttäuschen andere. Statt sich weiter Vorwürfe zu machen und von sich selbst enttäuscht zu sein, ist es sinnvoller, sich zu *ent-täuschen*. Denn die Fehlannahme, die Täuschung besteht ja darin, dass wir denken, uns sollten, dürften und *würden* Fehler nicht passieren. Und es geschieht eben doch.

Unsere Vorstellung von uns selbst stellt sich als Täuschung heraus. Wenn wir in der Lage sind, damit zu einem Einverständnis zu kommen, können wir wieder Ruhe finden und Verantwortung übernehmen. Sich selbst einen Fehler zu verzeihen heißt ja nicht, über eigene Handlungen, die wir als problematisch erkennen, hinwegzugehen oder sie zu rechtfertigen oder gutzuheißen. Dazu noch einmal Bettina:

»Mittlerweile hat sich so etwas wie Gelassenheit eingestellt, weil ich akzeptieren kann, dass es in mir den Wunschtraum gab, ich könnte mit dem richtigen Pflegeprodukt wieder Haut wie eine Zwanzigjährige bekommen. Ich bin Mitte Vierzig und ja, ich fände es schön, die Falten würden wieder verschwinden. Wenn ich vor mir selbst so tue, als würden sie mir nichts ausmachen, bin ich nur umso leichter verführbar. Statt mich weiter zu schämen, habe ich eine Lehre aus der ganzen Sache gezogen.«

Egal ob es darum geht, wie wir aussehen, wie wir uns verhalten oder wozu wir in der Lage sind: Wir werden immer an irgendeinem Punkt unserem Ideal nicht entsprechen. Das bedeutet nicht, dass wir keine Ideale haben sollen. Vielleicht heißt erwachsen werden, dass wir uns leichter tun, damit Frieden zu schließen, wenn wir sie nicht erreichen.

DIE GESETZE DES LEBENS

In buddhistischen Klöstern wird eine Übung praktiziert, die auf den ersten Blick seltsam erscheint. Die Mönche und Nonnen rezitieren dabei folgende Sätze:

Es liegt in meiner Natur, älter zu werden.
Ich kann dem Altern nicht entgehen.
Es liegt in meiner Natur, krank zu werden.
Ich kann dem Kranksein nicht entgehen.
Es liegt in meiner Natur zu sterben.
Ich kann dem Tod nicht entgehen.
Alles, was mir teuer ist, und alle Menschen,
die ich liebe, unterliegen der Veränderung.
Ich kann ihrem Verlust nicht entgehen.

Ein menschliches Leben zu führen ist unabänderlich mit Leid verbunden. In unserer Gesellschaft tun wir viel dafür, diese Tatsache zu verdrängen. Und hier wird sie explizit benannt. Ist das nicht morbide? Macht das nicht depressiv? Oder könnte es sinnvoll sein, sich die unverrückbaren Gegebenheiten des Lebens immer wieder vor Augen zu rufen? Nicht um daran zu verzweifeln, sondern um Gelassenheit und Wertschätzung zu entwickeln. Ob es uns gefällt oder nicht: Wir sind sterbliche Wesen, Veränderung, Verlust,

Krankheit und Älterwerden ausgesetzt, und wir bewegen uns vom Tage unserer Geburt an auf den Tod zu. Wenn wir uns das bewusst machen – wie wollen wir dann unsere Zeit verbringen?

> *Worüber lohnt es, sich aufzuregen? Was ist wirklich wichtig? Worauf will ich Priorität legen? Wofür will ich Wertschätzung und Dankbarkeit entwickeln?*

Wer vor den Gesetzmäßigkeiten des Lebens die Augen verschließt, tut sich leicht damit, seine Tage so zu verbringen, als sei sein Leben jetzt nur eine Probe, ein Vorspiel, und das eigentliche Leben käme noch. Schockiert stellen wir irgendwann fest, dass uns die Zeit davonläuft. In ihrem Buch *5 Dinge, die Sterbende am meisten bereuen* beschreibt die Palliativkrankenschwester Bronnie Ware, wie Menschen auf dem Sterbebett schmerzlich bewusst wird, dass sie aus den Augen verloren haben, was ihnen wirklich wichtig gewesen wäre.

Gelassenheit in Bezug auf die kleinen Dinge, über die wir uns so schnell aufregen, kann dann entstehen, wenn wir die großen im Auge behalten.

SCHWIERIGKEITEN SIND OK

Seine Heiligkeit der 14. Dalai Lama gilt vielen Menschen als Inbegriff heiterer Gelassenheit. In einem Interview erzählte er einmal davon, wie er als Vierjähriger, der zufrieden als Sohn einer Bauernfamilie gelebt hatte, plötzlich von seinen Eltern getrennt wurde. Man hatte ihn als Inkarnation des vorherigen Dalai Lama erkannt, und nun sollte er im weit entfernten Lhasa als Mönch erzogen werden. Verständlicherweise fühlte er sich dort einsam und eingeschüchtert und war froh, als ihm ein Tutor an die Seite gestellt wurde. Diesen Mönch und den jungen Dalai Lama verband mehrere Jahre eine tiefe Freundschaft.

Nun begab es sich jedoch, dass dem Tutor eines Tages aufgrund eines Fehltritts der Posten an der Seite des Dalai Lama entzogen wurde, sodass dieser seinen Vertrauten verlor. Als der Dalai Lama dem Journalisten von diesem Verlust erzählte, begann er zu weinen. Der Journalist war irritiert: Das sei doch schon so viele Jahre her! Ob er, der Inbegriff spiritueller Reife

und emotionaler Gelassenheit, das nicht längst überwunden habe!?

Ruhig ließ der Dalai Lama seine Tränen zu Ende fließen, putzte sich dann die Nase und meinte schließlich kopfschüttelnd: »Ihr Westler, warum meint ihr immer, man müsste alles überwinden und hinter sich bringen? Das war einer der schmerzlichsten Verluste meines Lebens. Er schmerzt mich noch immer und so wird es wohl auch auf meinem Totenbett sein. Was ist schlimm daran?«

Ich habe diese Geschichte vor vielen Jahren in einem Vortrag gehört und weiß nicht, ob sie sich nun genauso zugetragen hat oder nicht. Sie ist mir über die Jahre deshalb so wichtig geworden, weil sich darin eine tiefe Lehre über Gelassenheit offenbart: Wahre Gelassenheit zeigt sich nicht darin, keine schwierigen Gefühle mehr zu erleben, nicht mehr traurig, wütend oder einsam zu sein. Vielmehr können wir anerkennen und einverstanden damit sein, *dass* wir uns so fühlen – auch wenn es nicht angenehm sein mag.

Sich schwierige Gefühle zu erlauben, statt dagegen zu kämpfen, und Verständnis für sich und die Situation aufzubringen – das schafft inneren Frieden.

GELASSENHEIT IN SCHWEREN ZEITEN

Gelassenheit kann besonders dann schwer fallen, wenn jemand Schwierigkeiten erlebt, der uns sehr am Herzen liegt oder für den wir Verantwortung tragen. Für Eltern kleiner Kinder, für die beide Umstände zutreffen, ist das manchmal kaum auszuhalten. Auch diejenigen, die in helfenden Berufen tätig sind, kostet es oft enorme Kraft mitanzusehen, wie Patienten leiden oder Schutzbefohlene in Not sind – und die eigenen Versuche zu helfen kaum greifen.

ANDERE DURCH SCHWIERIG-KEITEN BEGLEITEN

Meine Schwester erzählte mir, was ihr im Zusammensein mit ihren Kindern hilft, etwas von der Anspannung loszulassen, die sie immer wieder überkommt, wenn sie sich Sorgen macht: »Über die Jahre habe ich verstanden, dass ich nicht allein für das Wohl und Wehe meiner Kinder verantwortlich bin. Und natürlich würde ich sie so gerne vor aller Not und allen Schmerzen beschützen, aber das kann ich nicht. Ich kann ihnen nicht alle Probleme ersparen, und selbst wenn ich es könnte, wäre das vermutlich keine gute Idee. Wir alle wachsen an den Schwierigkeiten, die wir erleben, und Kinder sind oft viel widerstandsfähiger, als wir meinen. Sie brauchen auch keine perfekten Eltern. Eine liebevolle Beziehung ist das wichtigste. Und sie brauchen mein Vertrauen, dass sie die Kraft haben, auch mit Problemen umzugehen.« Zuversicht der Eltern stärkt Kinder, ewige Sorgen oder Mahnungen zur Vorsicht lähmen.

Wir können andere Menschen lieben und uns um sie sorgen, aber wir können ihnen ihre Schwierigkeiten nicht abnehmen. Wenn wir sie auch auf schwierigen Wegstrecken begleiten und ihnen eine wirkliche Unterstützung sein wollen, ist es wichtig, dass wir einen Raum in uns finden, wo wir offen bleiben können für Schmerz und Leid, ohne uns jedoch davon überwältigen zu lassen. Wo wir innere Balance, inneren Frieden finden. Wo wir wissen, dass sich alles immer verändert, dass Leid und Freude in jedem Leben kommen und gehen.

Sich daran zu erinnern, dass man selbst schon schwierige Zeiten durchgestanden hat, kann helfen, das Vertrauen zu finden, dass das auch anderen gelingen kann.

Sätze aus einer Achtsamkeitsübung zur Kultivierung von Gleichmut

⭐ Ich wünsche dir von ganzem Herzen, dass es dir besser gehen möge. Und ich akzeptiere, dass ich dir deinen Kummer, deinen Schmerz nicht abnehmen kann.

⭐ So sehr ich mir auch für dich wünsche, dass die Dinge anders wären: Sie sind, wie sie sind.

⭐ Ich übe mich in Vertrauen, dass du die Kraft findest, mit deinen Schwierigkeiten umzugehen.

WEISHEIT AUS DER KRISE

Wenn wir mitten in einer Krise stecken, kommen uns Gegenwart und Zukunft oft düster und beängstigend vor. Weil die Stressreaktion in uns dann oft in vollem Gange ist, entwickeln wir einen Tunnelblick, starren auf das, was uns Angst macht, wie das Kaninchen auf die Schlange, und können uns schwer vorstellen, dass sich die Dinge in einer positiven Art und Weise entwickeln oder verändern werden. Doch haben wir das selbst nicht schon mehrfach erlebt?

Nehmen Sie sich ein wenig Zeit für eine Reflexion und erinnern Sie sich an etwas Schmerzliches, das Sie durchgemacht haben, eine große Herausforderung oder Krise in der Vergangenheit.

Wenn Sie heute darauf schauen, können Sie etwas Positives entdecken, was daraus entstanden ist? Haben Sie etwas gelernt, was Sie sonst vielleicht nicht hätten lernen können?

Denken Sie nun an die größte Herausforderung, vor der Sie im Moment stehen. Was soll daraus Gutes entstehen? Was hoffen Sie, daraus gelernt zu haben, wenn Sie später darauf zurückblicken?

AKZEPTIEREN, WAS IST

Gelassenheit ist etwas, was sich einstellen kann, wenn wir günstige Bedingungen dafür schaffen. Man kann sie nicht machen. Sich anzustrengen und zu versuchen, gelassen zu sein, kann der Gelassenheit besonders im Wege stehen, wie folgende Geschichte aus meinem eigenen Leben zeigt.

ICH UND MEIN EHERING

Ein heißer Sommernachmittag. Auf der Rückfahrt von einem Ausflug halten wir an einem See an. Auf dem ins Wasser ragenden Holzsteg schlüpfen wir in die Badesachen. Ohrringe und Ehering gebe ich meinem Mann, damit er sie in seiner mit einem Reißverschluss versehenen Hosentasche verwahrt. Das Wasser ist herrlich und wir planschen, bis es Zeit ist, weiterzufahren. Als wir uns wieder anziehen und Lothar mir meinen Schmuck zurückgibt, rutscht ihm der Ring aus der Hand. Entgeistert schauen wir beide zu, wie er schnurstracks den Steg entlang ins Wasser rollt. Da es an der Einstiegsstelle nicht tief ist, mache ich mir

jedoch keine großen Gedanken. Den haben wir gleich wieder. Als ich mich über den Steg beuge, sehe ich im trüben Wasser etwas blinken. Doch die Versuche, den Ring zu greifen, wühlen den Boden auf, sodass nichts mehr zu erkennen ist. Habe ich mich getäuscht und liegt er gar nicht an der Stelle? Ich bin immer noch recht entspannt, wir werden ihn schon finden. Also noch einmal tauchen. Nach einer dreiviertel Stunde an Bergungsversuchen geben wir auf. Wir haben eine weite Heimfahrt vor uns, es ist spät geworden. Okay, Gelassenheit, sage ich zu mir selbst. Ist ja nicht so schlimm. Letztlich ist der Ring bloß ein äußeres Symbol. An materiellen Dingen zu haften macht unfrei. Jetzt kannst du mal Loslassen üben.

Mein Mann ist zerknirscht. Nicht so schlimm, sage ich zu ihm, wir können ja einen neuen machen lassen.

Es dauert eine ganze Weile, bis mir bewusst wird, dass ich mir etwas vormache. Unter meiner vordergründigen Gelassenheit bin ich total wütend. Warum hat er nicht besser aufgepasst! Verdammt! Es gibt wirklich nicht viele materielle Dinge, die mir echt etwas bedeuten, ausgerechnet meinen Ehering ins Wasser plumpsen zu lassen!

Reg dich nicht so auf, sage ich zu mir selbst. Das hilft doch jetzt auch nichts mehr. Er ist eben weg, damit musst du dich abfinden.

Eine Zeitlang geht das so in meinem Kopf hin und her: Ärger und der Versuch, den Ärger zu beruhigen. Da fällt mir der Beginn eines alten Zen-Textes ein: *Der höchste Weg ist nicht schwer, wenn du nur aufhörst zu wählen.* Etwas umgangssprachlicher könnte man auch sagen: Wahrhaft weise ist es, sich nicht die Rosinen herauszupicken, sondern *alles* zu nehmen, was kommt.

Was aber tue ich gerade? Ich versuche mir einzureden, es gäbe ein Leben ohne Schwierigkeiten, ohne Zorn, ohne die Trauer, die ganz natürlicherweise entsteht, wenn man etwas verliert, was einem wichtig ist. *Ich will die Gelassenheitsrosinen ohne den ganzen unangenehmen Rest.*

Ich kann plötzlich sehen, wie mir mein Selbstbild im Weg steht. Ich will gelassen und entspannt mit der Situation umgehen, ich will mich gerne als eine Person sehen, der das gelingt. Doch tatsächlich entspannen und wirklich akzeptieren, was ist, das geht erst, als ich aufhöre, mir einzureden, ich solle gelassen sein. Ich habe versucht, den zweiten Schritt vor dem ersten zu machen. Akzeptieren, was ist, heißt in diesem Fall erst einmal zu akzeptieren, dass ich wütend und traurig bin. Gelassenheit herbeizuzwingen oder sie uns einzureden, solange andere, darunter liegende Gefühle und Bedürfnisse keinen Raum haben, kann nicht funktionieren.

Ein tiefes Aufatmen durchströmt mich, als ich mir erlaube zu fühlen, was ich gerade fühle. Hilflosen Zorn auf meinen Mann, Traurigkeit, Enttäuschung …

Dann rinnen Tränen über meine Wangen und die Erleichterung wird noch größer, als ich meinem Mann sage, wie mir wirklich zumute ist. Natürlich weiß ich, dass er den Ring nicht absichtlich hat fallen lassen und dass es ihm leidtut. Doch leichter ums Herz wird mir erst, als ich ihm und mir wirklich eingestehe, dass ich dennoch auf ihn wütend bin und dass ich mir gewünscht hätte, er hätte besser aufgepasst. In unserem anschließenden Gespräch kann ich ihm daher auch besser zuhören, als er seiner Zerknirschung Ausdruck gibt. So etwas passiert eben – *und* es fühlt sich mitunter – Verzeihung – total beschissen an.

Wirkliche Gelassenheit entsteht, wenn wir beides akzeptieren können: das, was passiert ist, und auch, wie es uns damit geht.

WACHSENDE RINGE
DER AKZEPTANZ

Übung

Stellen Sie sich vor, Sie werfen einen Stein in einen ruhigen See. Um die Eintrittsstelle herum bilden sich dann Wellen, die sich in konzentrischen Kreisen auf der Wasseroberfläche ausbreiten: erst ein Kreis, dann ein zweiter, ein dritter, ein vierter. Dieses Bild der wachsenden Ringe kann helfen, wann immer wir hadern und innerlich in schwierigen Gedanken oder Gefühlen feststecken.

⭐ Der ins Wasser gefallene Stein, der Punkt in der Mitte: Das ist das, was passiert ist. Sobald Sie in der Lage sind, das aus tiefstem Herzen zu akzeptieren, breitet sich Frieden in Ihnen aus.

⭐ Jedoch wird in schwierigen Situationen statt dieser Akzeptanz häufig eine andere Reaktion entstehen: z.B. Enttäuschung, Empörung, Unglauben: *Das darf nicht wahr sein! Das glaube ich jetzt nicht!* Das ist wie der erste Ring um den Punkt in der Mitte.

⭐ Wenn Sie wiederum zu dieser Reaktion Ja sagen können, wird sich etwas in Ihnen entspannen. Sie können akzeptieren, dass es so ist: *Ja, diese Reaktion gibt es in mir. Ich bin total wütend, enttäuscht, empört, frustriert …*

⭐ Häufig ist jedoch auch das alles andere als einfach. Wir Menschen finden nämlich schnell, wir sollten nicht so reagieren, wir sollten anders, vernünftiger, gelassener sein. Wir bewerten uns selbst und hadern mit unserer eigenen Reaktion. Und sobald Sie das bemerken, können Sie innerlich wieder einen Schritt zurücktreten und sehen: *Ah ja, so ist es gerade! In mir gibt es dieses Hadern, diesen Widerstand.* Und wieder bildet sich ein Kreis aus Akzeptanz.

⭐ Jedes Mal, wenn Sie zulassen können, dass es in Ihnen aussieht, wie es eben aussieht, entsteht ein Stück Ruhe und Gelassenheit. Und das Gute ist, dass Sie dabei nichts falsch machen können: Denn sobald es innerlich hakt und eng wird, können Sie erneut einen Schritt zurücktreten. Wie die Kreise auf dem Wasser kann die Akzeptanz wachsen und wachsen und wachsen. Vielleicht sagt dann eine Stimme in Ihnen: *Aber das geht auf keinen Fall. Das in mir kann ich auf keinen Fall akzeptieren.* Und sobald Sie das merken, treten Sie erneut einen Schritt zurück und sagen sich so liebevoll wie möglich: *Ah ja, so ist es gerade, das will ich in mir nicht akzeptieren.* Auch das können Sie in den Kreis der Akzeptanz einschließen.

Erkennen Sie an, dass es ist, wie es ist, auch wenn es Ihnen nicht gefällt. Je weniger Sie kämpfen gegen das, was in Ihnen geschieht, desto leichter kann es sich verändern.

Der Schäfer und das Wetter
Auf einer Wanderung trifft ein Mann auf eine Schafherde und kommt mit dem Schäfer ins Gespräch. Wie wohl das Wetter morgen werden wird, fragt er ihn.
»Ganz genauso, wie ich es mag«, antwortet der Schäfer ihm.
»Woher wissen Sie, dass das Wetter gerade so werden wird, wie Sie es mögen?«, fragt der Wanderer.
»Sehr einfach«, antwortet der Schäfer. »Ich habe die Erfahrung gemacht, dass ich nicht immer das kriege, was ich möchte. Also habe ich gelernt, immer das zu mögen, was ich bekomme. Deshalb bin ich mir sicher, dass das Wetter so wird, wie ich es mag.«
(Autor unbekannt)

SCHRITTE AUF DEM WEG ZU MEHR INNEREM FRIEDEN

1

Gefühle dürfen sein!

Wahre Gelassenheit ist die Bereitschaft, sich wirklich auf das Leben mit all seinen Höhen und Tiefen einzulassen, schwierige Gefühle eingeschlossen. Begegnen Sie sich selbst und allem, was in Ihnen geschieht, mit Akzeptanz und Verständnis statt mit Widerstand.

2

Was wollen Sie eigentlich gerade wirklich?

Will ich rechthaben oder glücklich sein?, lautet nicht selten die entscheidende Frage. Schauen Sie mit etwas Abstand auf die Situation und fragen Sie sich, wie Sie mit ihr umgehen wollen. Wie können Sie sich selbst jetzt etwas Gutes tun und dazu beitragen, mittel- oder langfristig gesehen Ihren eigenen Bedürfnissen und inneren Werten gerecht zu werden?

3

Was ist wirklich wichtig?

Niemand von uns weiß, wie viel Zeit ihm noch auf diesem Planeten bleibt. Ist die Sache, die Sie gerade aufregt, es tatsächlich wert, dass Sie damit Ihre Lebenszeit verschwenden?

4

Erlauben Sie sich Selbstfreundlichkeit

Wir behandeln die meisten Menschen besser als uns selbst. Sie dürfen mit sich selbst so gut umgehen wie mit einer guten Freundin oder einem guten Freund: mit Wertschätzung und Anerkennung und in schwierigen Zeiten mit Liebe und Verständnis.

5

Schauen Sie auf das, was gut läuft

Wir nehmen so vieles selbstverständlich, was für andere Menschen, die zufällig auf einem anderen Erdteil geboren wurden, unerreichbar scheint: Zugang zu sauberem Wasser, Krankenversicherung, Redefreiheit, Demokratie … Schauen Sie auf das, was gut läuft, auf den Reichtum in Ihrem Leben. Dankbarkeit hilft, die Perspektive zu verändern.

6

Tun Sie bewusst etwas, was Ihnen Freude macht

Verbringen Sie Zeit mit kleinen Kindern und jungen Hunden, nehmen Sie sich Zeit für Hobbys und das, was Sie wirklich mit Freude erfüllt. Das Leben ist zu kurz und zu wertvoll, um es nur mit Arbeit und Verpflichtungen zu verbringen.

AUSKLANG: FRIEDEN SCHLIESSEN MIT DEM TANZ DES LEBENS

Ein heute eher seltener gebrauchtes Synonym für Gelassenheit, das ich sehr mag, ist *Gleichmut.* Und im Wort Gleichmut steckt Mut. Der Mut, Schönem wie Schwierigem mit dem gleichen offenen Herzen zu begegnen. Während sich Gleichgültigkeit verschließt, sich abschottet, Dinge an sich abperlen lässt, öffnet sich Gleichmut der Freude wie dem Schmerz. Gleichmut ist sich bewusst, dass sich alles ständig verändert und dass wir die Dinge nicht kontrollieren können.

Manchmal fließt unser Leben leicht und entspannt dahin, manchmal kommen uns kleinere Hindernisse in die Quere, und manchmal geraten wir so ins Straucheln, dass wir das Gefühl haben, den Boden unter den Füßen zu verlieren. Verständlicherweise wünschen wir uns Ersteres und wollen Letzteres vermeiden. »Wenn die Dinge über uns zusammenbrechen«, schreibt die buddhistische Lehrerin Pema Chödrön, »dann ist das eine Prüfung und gleichzeitig ein Heilungsprozess. Wir glauben, es ginge darum, die Prüfung zu bestehen und das Problem zu überwinden, aber in Wirklichkeit gibt es gar keine

Lösung. Die Dinge kommen zusammen und fallen wieder auseinander. Dann kommen sie wieder zusammen und fallen wieder auseinander. So einfach ist es. Die Heilung stellt sich ein, wenn wir allem Geschehen Raum lassen: Raum für Trauer, Raum für Linderung, Raum für Elend, Raum für Freude.«

DIE QUALITÄT VON GELASSENHEIT IST ES, INMITTEN DER STÜRME DES LEBENS UND DER PERMANENTEN VERÄNDERUNG INNEREN FRIEDEN ZU FINDEN.

MIT OFFENEM HERZEN

Der Meditationslehrer Jack Kornfield erzählte in einem Vortrag einmal die Geschichte von Jesus und den Aposteln auf dem See Genezareth. Die Männer fuhren mit einem kleinen Boot auf den See hinaus, und Jesus, der müde war, legte sich schlafen. Nach einiger Zeit zog ein Sturm auf. Das Boot begann zu schwanken, und die Apostel bekamen Angst – so sehr, dass sie in ihrer Furcht schließlich den friedlich schlafenden Jesus weckten. Sie hatten erlaubt, dass der Sturm, das Chaos im Außen, nach innen eindrang und ihre Zuversicht aus dem Gleichgewicht brachte, so wie der Sturm das Boot schwanken ließ. Jesus ermahnte sie, »ihren Glauben nicht zu verlieren«. Übersetzt für uns heute könnte das heißen, sich nicht vom äußeren Chaos aus ihrer inneren Mitte bringen zu lassen. Und dann stand Jesus auf, breitete die Arme aus und brachte den Sturm dazu, sich zu beruhigen. Statt zu erlauben, dass der Sturm nach innen dringt, tut er genau das Gegenteil: Er erlaubt seiner inneren Stille, seiner inneren Balance, nach außen zu dringen, sodass sich der Sturm beruhigt – und mit ihm die Apostel.

Jesus dreht sich nicht vom Sturm weg, er begegnet weder dem Sturm noch den Aposteln mit Gleichgültigkeit, sondern mit Gleichmut: Er wendet sich dem Leben und seinen Schwierigkeiten mit offenem, ruhigem Herzen zu.

Und das ist es, was vielleicht auch wir entwickeln können, Schritt für Schritt:

ein Herz, das bereit ist für alles, was ihm begegnet.

Auf dieser Reise wünsche ich Ihnen alles Gute und dass Sie sich daran erinnern, dass Sie sich immer wieder neu entscheiden können: Wir haben zwar nicht die Wahl, was uns widerfährt, aber die Wahl, wie wir damit umgehen wollen. Machen Sie sich bewusst, dass jeder Moment ein neues Angebot für Sie ist, sich dem Leben mit einem offenen Herzen zuzuwenden. Und wenn das nicht in der Art und Weise klappt, wie Sie es sich vorstellen, ist schon der nächste Augenblick wieder eine Gelegenheit dazu.

ZUM WEITERLESEN

Mehr über die Praxis der Achtsamkeit finden Sie u. a. in meinem Buch

Mayer, Heike: *Achtsam leben. Das kleine 1x1 für ein Leben im Hier und Jetzt.* Scorpio 2015

Lesetipps aus meinem Bücherregal

Baum, Jens: *Wie's weitergeht, wenn nichts mehr geht. Strategien in schwierigen Zeiten.* Kösel 2002
Brähler, Christine: *Selbstmitgefühl entwickeln. Liebevoller werden mit sich selbst.* Scorpio 2015
Chödrön, Pema: *Meditieren. Freundschaft schließen mit sich selbst.* Kösel 2013
Chödrön, Pema: *Wenn alles zusammenbricht. Hilfestellung für schwierige Zeiten.* Goldmann 2001
Hanson, Rick. *Denken wie ein Buddha: Gelassenheit und innere Stärke durch Achtsamkeit – Wie wir unser Gehirn positiv verändern.* Irisiana 2013
Harris, Russ: *Wer dem Glück hinterherrennt, läuft daran vorbei. Ein Umdenkbuch.* Goldmann 2013
Jakait, Janice: *Freut euch nicht zu spät.*

Warum das zweite Leben beginnt, wenn man begreift, dass man nur eines hat. Europa 2016
Knuf, Andreas: *Ruhe da oben! Der Weg zu einem gelassenen Geist.* Arbor 2010
Lehrhaupt, Linda und Meibert, Petra: *Stress bewältigen mit Achtsamkeit. Zu innerer Ruhe kommen durch MBSR.* Kösel 2010
Poletti, Rosette und Dobbs, Barbara: *Akzeptieren, was ist. Loslassen und inneren Frieden finden.* Scorpio 2014
Poletti, Rosette und Dobbs, Barbara: *Loslassen. Das kleine Übungsheft.* Trinity 2012
Rinzler, Lodro: *Sitzen wie ein Buddha. Meditation für Anfänger.* Scorpio 2015
Rosenberg, Marshall: *Gewaltfreie Kommunikation. Eine Sprache des Lebens.* Junfermann 2012 (10. Auflage)
Siepmann, Anja: *Gelassen arbeiten. Wie Achtsamkeit den Berufsalltag erleichtert.* Scorpio 2016

Empfehlenswerte Websites

www.mbsr-verband.de
Hier finden Sie qualifizierte Trainer und Trainerinnen, die das Acht-Wochen-Programm Stressbewältigung durch Achtsamkeit (MBSR: Mindfulness-Based Stress Reduction) unterrichten. Mit Postleitzahlensuche.

www.resource-project.org
Studienprojekt von Prof. Tania Singer über die bewusste Entwicklung positiver Geisteshaltungen.

www.rickhanson.net
Auf seiner (englischsprachigen) Webseite teilt der Psychologe Rick Hanson, Spezialist für die bewusste Veränderung des Gehirns mithilfe positiver Erfahrungen, großzügig sein Wissen.

Webseite der Autorin
www.achtsamkeitstraining-
muenchen.de

DANKSAGUNG

Dieses Buch lebt in besonderem Maße von den Erfahrungen, die KursteilnehmerInnen, Freundinnen und Familie mit mir geteilt haben. Danke für unseren gemeinsamen Weg.

Dafür, dass dieses Buch so toll aussieht, gebührt jeweils ein großes Dankeschön: Bettina Mayer und Lena Kleiner vom Favoritbuero für das hinreißende Layout, Martina Frank für die wunderbaren Illustrationen, Nadine Wagner für den schönen Satz und Dagmar Olzog und dem ganzen Scorpio-Team für die Unterstützung.

Mein besonderer Dank geht an Christian Strasser für seine Begeisterung für dieses Projekt und sein großes Vertrauen.

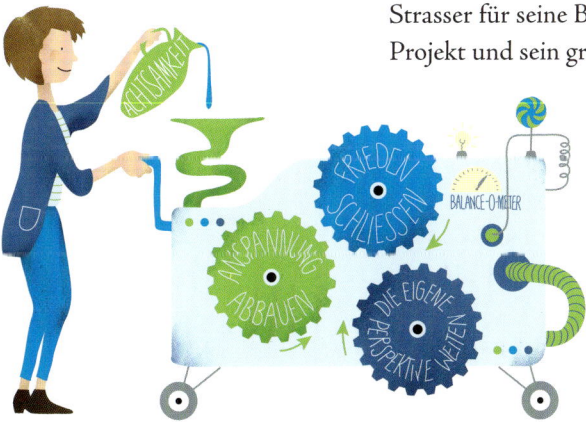

BILDNACHWEIS

Alle Illustrationen in diesem Buch stammen von Martina Frank, München,
mit Ausnahme von S. 12: Shutterstock/Sharpner und S. 35: Shutterstock/Pavlenko
Alle Fotos: Shutterstock; vordere Klappe: Dubova, S. 18/19: Alex_Po, S. 30/31: mycteria,
S. 34/35: Sofiaworld, S. 56/57: Masson, S. 78/79: nednapa
Hintergrundmotive: Shutterstock/Elmiral

QUELLENNACHWEIS

Die Zitate in diesem Buch stammen aus folgenden Quellen:
Vordere Klappe: aus Jakait, Janice: *Freut euch nicht zu spät. Warum das zweite Leben beginnt, wenn man begreift,*
dass man nur eines hat. Europa 2016; S. 18/19: John Lennon verwendete die Zeile in seinem Lied »Beautiful
Boy« auf dem Album »Double Fantasy« (1980), jedoch sind bereits davor verschiedene Fundstellen anderer
Personen belegt (Quin Ryan, Allen Saunders u. a.); S. 30/31: Wahrscheinlich stammt dieses viel verwendete
und unterschiedlichen Quellen zugeschriebene sog. Gelassenheitsgebet vom US-amerikanischen Theologen
und Philosophen Reinhold Niebuhr, der es vermutlich während des Zweiten Weltkriegs verfasste; S. 62/63:
Virginia Satir, Familientherapeutin: genaue Herkunft ungeklärt; S. 78/79: Tony Schwartz, Journalist, Autor,
Coach: genaue Herkunft ungeklärt; S. 92: aus Chödron, Pema: *Wenn alles zusammenbricht*, Goldmann 2001.
Leider ist es nicht in allen Fällen gelungen, die Fundstelle ausfindig zu machen. Der Verlag bittet ggfs. um
Nachricht, damit bei einer Nachauflage eine korrekte Quellenangabe erfolgen kann.
Experiment zum Nein- und Ja-Sagen (S. 75/77): Nachzulesen im Buch *Mit dem Herzen eines Buddha*
(O.W. Barth 2013) der Psychologin und Meditationslehrerin Tara Brach
Reflexion zur Weisheit in der Krise (S. 85): Nach Erik van den Brink / Frits Koster:
Mitfühlend leben (Kösel 2013)

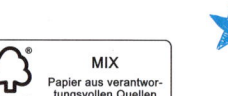

FSC MIX
Papier aus verantwortungsvollen Quellen
FSC® C084279
www.fsc.org

2. Auflage 2016
© 2016 Scorpio Verlag GmbH & Co. KG, München

Umschlaggestaltung und Layout:
Favoritbuero, München
Umschlagmotiv: Shutterstock/Iakov Kalinin
Satz: Nadine Wagner, München
Lektorat: Angela Hermann-Heene
Projektleitung: Heike Mayer
Druck und Bindung: Print Consult, München
ISBN 978-3-95803-043-5
Alle Rechte vorbehalten

Liebe Leserin, lieber Leser,
leicht geht's besser: Mit unserer Reihe *Leichter leben*
möchten wir Sie zu einem neuen Lebensgefühl
inspirieren und bei Veränderungsprozessen unterstützen. Alle Inhalte wurden gewissenhaft erstellt
und sorgfältig geprüft, die Übungsanleitungen und
Vorschläge haben sich in der Praxis bewährt.
Danke, dass Sie in eigener Verantwortung prüfen,
inwieweit Sie die Anregungen umsetzen möchten.
Eine Haftung für die Resultate vonseiten der
Autoren bzw. des Verlags und seiner Beauftragten
ist ausgeschlossen.

Mehr über unsere Bücher:
www.scorpio-verlag.de